D'une c militaire à un

EMPLOI CIVIL

Guide de l'intervenant en développement de carrière

Yvonne Rodney

MW00981628

D'une carrière militaire à un emploi civil :
Guide de l'intervenant en développement de carrière

Tous droits réservés © CERIC, 2016
Tous droits réservés. Il est interdit de reproduire ou de transmettre le contenu de la présente publication sous quelque forme ou par quelque moyen que ce soit, reproduction électronique ou mécanique, y compris la photocopie, l'enregistrement ou tout système de stockage d'information et de recherche documentaire, sans l'autorisation écrite préalable de l'éditeur, l'Institut canadien d'éducation et de recherche en orientation (CERIC).

Publié et distribué en 2016 par
Institut canadien d'éducation et de recherche en orientation (CERIC)

Institut canadien d'éducation et de recherche en orientation (CERIC)
2, avenue St. Clair Est, bureau 300
Toronto (Ontario) Canada M4T 2T5
Tél. : (416) 929-2510
www.ceric.ca

Catalogage avant publication de Bibliothèque et Archives Canada

Rodney, Yvonne
D'une carrière militaire à un emploi civil : Guide de l'intervenant en développement de carrière/Yvonne Rodney.

Offert également en format EPUB.
ISBN 978-1-988066-11-0
Conception graphique : Communicreations.ca

Une carrière militaire enseigne le leadership, la discipline, le dévouement et le travail d'équipe, et offre à ses militaires un large éventail de compétences transférables. Ces hommes et femmes ajoutent une valeur immédiate à toute organisation civile. En tant que chef de file en matière de transition des militaires, la Compagnie Canada est fière d'appuyer les militaires des FAC et de reconnaître leur immense sacrifice. [traduction libre]

—Blake Goldring, la Compagnie Canada[1]

Table des matières

Réflexion de l'éditeur

Au cours des dernières années, nous avons entendu dire que les intervenants en développement de carrière d'un bout à l'autre du Canada avaient de plus en plus de clients ayant des antécédents militaires. Chaque année, des militaires des Forces armées canadiennes (FAC) obtiennent leur libération et font face à des défis et à des occasions uniques au cours de leur transition vers le marché de l'emploi civil et de la poursuite d'une formation complémentaire. Les intervenants en développement de carrière ont indiqué qu'ils avaient besoin d'une ressource spécialisée afin d'appuyer les vétérans dans leur transition vers le marché de l'emploi civil et l'obtention d'un emploi satisfaisant et intéressant. À titre d'organisme de charité national qui soutient la création de ressources afin d'appuyer les intervenants en développement de carrière au Canada, l'Institut canadien d'éducation et de recherche en orientation (CERIC) a reconnu l'importance de répondre à ce besoin. Nous avons donc entrepris de créer une ressource appropriée en anglais et en français. Le présent document *D'une carrière militaire à un emploi civil : Guide de l'intervenant en développement de carrière* en est le résultat.

Au cours de l'élaboration de cette ressource, CERIC a découvert un partenaire accueillant : la Compagnie Canada et son Programme d'aide à la transition de carrière (PAT). La Compagnie Canada est un organisme caritatif fondé, subventionné et appuyé par des entreprises au Canada. Elle est au service exclusif de nos militaires, grâce à un lien direct avec les besoins particuliers des entreprises canadiennes, et sur l'utilisation des ressources militaires comme arme secrète. En effet, la réalisation de ce projet aurait été impossible sans le concours et le soutien crucial de la Compagnie Canada. Ils nous ont éclairés sur les enjeux, puis aidés à établir des liens, en quelque sorte. Ils ont également joué un rôle crucial en nous aidant à trouver des champions des connaissances dont le soutien financier a permis de garantir la réalisation du projet.

En plus de la Compagnie Canada, nous aimerions remercier particulièrement les champions des connaissances suivants pour leur leadership dans ce projet : le British Columbia Institute of Technology (BCIT); l'Association canadienne de documentation professionnelle (ACADOP); le Collège Fanshawe; The Chang School of Continuing Education de l'Université Ryerson; la Marine Institute de l'Université Memorial; le Northern Alberta Institute of Technology (NAIT); le Collège TriOS; et l'Université Wilfrid Laurier. Leur soutien a permis d'élaborer et de distribuer ce guide.

L'auteure du guide, Yvonne Rodney, a relevé l'immense tâche de recueillir les données, de synthétiser l'information et de formuler le contenu selon une optique de développement professionnel fondé sur des preuves. Elle a consulté les FAC, Anciens Combattants Canada (ACC), les services aux familles des militaires (SFM), les employeurs qui appuient les militaires, les vétérans des FAC et les intervenants de première ligne en développement de carrière. Par leur collaboration, tous ces acteurs ont joué un rôle déterminant dans la réussite du produit final.

Enfin, le soutien du conseil d'administration du CERIC, grâce auquel le germe d'une idée s'est transformé en une ressource en grande demande et accessible à grande échelle, s'est avéré essentiel à ce projet. Des remerciements tout particuliers à Robert Shea qui a dirigé ce projet au sein du conseil du CERIC.

Les défis et les occasions rencontrés au cours de la transition des militaires vers des emplois civils exigent un intervenant en développement de carrière compétent. Ce guide fournira à ces professionnels les connaissances nécessaires pour venir en aide aux anciens militaires en transition vers une carrière prospère après avoir servi leur pays. Il s'agit d'une démarche importante non seulement pour les vétérans et leur famille, mais également pour l'ensemble de l'économie canadienne.

— Riz Ibrahim, Directeur général, CERIC

Remerciements

Ce guide n'aurait pas été possible sans l'aide et l'expertise des champions suivants :

Dwayne L. Cormier, la Compagnie Canada, champion inconditionnel de la création de ce guide. Merci pour l'accès aux ressources et au personnel en transition, ainsi que pour tous vos efforts inlassables à l'égard de la transition des militaires vers la vie civile. Les militaires en transition ont apprécié votre approche personnalisée et demandent davantage de gens « comme vous ». Le présent guide se veut une réponse à cette demande, pour que davantage d'intervenants en développement de carrière puissent faire comme vous.

Jo-Anne Flawn-LaForge, FAC, conseillère en transition, Services de transition de carrière, pour nous avoir fourni le contexte, le contenu et une rétroaction sur la vie militaire et les Services de transition des FAC.

Suzie Bouchard, B.Serv. Soc., M.Ed., CD1, initiative conjointe FAC – ACC à Anciens Combattants Canada, pour nous avoir fourni de l'information et des commentaires.

Katie Ochin, services aux familles des militaires, FAC, dont le vaste savoir au sujet des familles des membres des FAC a permis de mieux comprendre les besoins professionnels des conjoints de militaires.

Mélissa Martin, B.A., B.Ed., conjointe de militaire et conseillère agréée bilingue, qui nous a renseignés sur les stratégies, les méthodes et les ressources militaires pertinentes.

Lisa Taylor, Challenge Factory, qui, après avoir entendu parler de cette ressource, a offert de partager son savoir sur l'approche de Legacy Careers® et sur la façon dont le personnel militaire en transition pourrait en tirer profit.

Les vétérans des FAC et leurs conjoints, pour avoir partagé vos commentaires et vos récits personnels. Vous continuez d'incarner les principes fondamentaux de la vie militaire : fiabilité, responsabilité, respect, efficacité et sens du service. Merci d'avoir ajouté votre saveur au guide.

Marilyn Van Norman, coordonnatrice nationale, Promotion et innovation, CERIC, pour la coordination des processus et des projets. Vous nous avez tous encouragés à aller de l'avant d'une façon très respectueuse.

Intervenants en développement de carrière, fournisseurs de service, éducateurs et chercheurs qui défendent, décrivent, font connaître et appuient ceux qui veillent à la sécurité de nos frontières et au maintien de notre paix.

Réflexions de l'auteure

Quelle sorte de vie constitue le service militaire? Pourquoi certains choisissent-ils de s'enrôler? Pourquoi y restent-ils? Pourquoi le quittent-ils? Et lorsqu'ils le quittent, de quoi ont-ils besoin pour réussir la transition vers le marché de l'emploi civil?

Ce guide est destiné aux intervenants en développement de carrière qui en connaissent très peu sur la vie militaire. J'écris intentionnellement de façon informelle, comme si nous étions confortablement assis ensemble en train d'échanger de l'information.

Du point de vue du contenu, il n'est pas dans mes intentions de vous dire comment faire le merveilleux travail que vous faites déjà, ni de vous dire tout ce qu'il y a à savoir sur les Forces armées canadiennes (FAC). Voyez plutôt ce livre comme une référence et utilisez-le pour mieux comprendre les besoins uniques en matière d'emploi des anciens militaires et des militaires actuels qui sont susceptibles de demander votre aide professionnelle.

Le guide présente également un aperçu du soutien familial apporté aux militaires, des défis liés à ce soutien et des pratiques exemplaires pour les formateurs et les conseillers d'orientation professionnelle.

Le guide *D'une carrière militaire à un emploi civil* repose sur un examen complet des besoins professionnels des vétérans, des entrevues auprès d'hommes et de femmes militaires au sein des FAC, anciens et actuels, et une évaluation des lacunes dans les services offerts.

J'ai particulièrement apprécié les conversations avec les militaires, anciens et actuels. J'ai été impressionnée par leur politesse, leur fiabilité, leur souplesse et leur empressement à contribuer à ce projet.

J'espère que ce guide vous sera utile.

— Yvonne Rodney

Guide du lecteur

Nos journées de travail sont tellement remplies que, bien souvent, nous n'avons pas le temps de lire un livre de la première à la dernière page. Pour cette raison, j'ai rédigé ce guide de sorte que vous puissiez commencer au chapitre qui vous intéresse. Par conséquent, vous remarquerez peut-être que certains renseignements apparaissent dans plus d'un chapitre. De cette façon, vous n'avez pas à toujours retourner à un chapitre antérieur pour trouver l'information recherchée. Voici quelques remarques pour vous aider à profiter pleinement de ce guide.

De qui parle le guide?

Ce guide porte principalement sur les militaires et les vétérans canadiens de la **Force régulière** en transition ainsi que sur les militaires canadiens de la **Force de réserve** en transition, avec un chapitre sur les familles des militaires. Les vétérans de la Force régulière ont servi à temps plein au sein des Forces armées canadiennes (FAC). Les réservistes sont des militaires à temps partiel qui appuient la Force régulière au pays et à l'étranger. Ils sont généralement employés à temps partiel (soirées et fins de semaine) et occupent un emploi civil à temps plein. Ils peuvent également solliciter un contrat à temps plein semblable à ceux des militaires de la Force régulière.

Un **vétéran**, selon la définition d'Anciens Combattants Canada, est « tout ancien militaire des FAC qui a réussi son instruction élémentaire et a été libéré honorablement. »[2]

Caractéristiques du guide

Termes : Les termes « vétéran », « soldat », « militaire », « personnel des FAC », « homme militaire » et « femme militaire » sont parfois utilisés de façon interchangeable. Tenez compte du contexte. Le masculin et le féminin sont tous deux utilisés en référence aux vétérans, et les pronoms sont employés alternativement.

Contenu des chapitres : Le contenu de chaque chapitre est indiqué au début du chapitre.

Principaux éléments d'apprentissage : Les éléments importants sont énumérés à la fin de chaque chapitre.

Récits personnels : Les expériences de véritables hommes et femmes des FAC sont réparties dans le guide. Les noms et d'autres identifiants personnels ont été changés.

Les coups de cœur d'Yvonne : Des ressources ou de nouveaux éléments que j'ai trouvés particulièrement utiles sont énumérés à la fin de chaque chapitre. Les chapitres ne comportent pas tous une telle section.

Sigles et acronymes : Consultez l'annexe 2 pour voir la liste de certains acronymes et sigles militaires utilisés dans ce guide. Les sigles et acronymes suivants sont utilisés fréquemment :

FAC – Forces armées canadiennes
MDN – ministère de la Défense nationale
ACC – Anciens Combattants Canada

Statistiques et renseignements utiles

La Défense nationale comprend le nombre d'employés suivants (2013) :[3]

- Force régulière – 68 000 militaires
- Force de réserve – 27 000 militaires
- Employés civils – 24 000 membres du personnel civil

Les FAC se composent de trois (3) principaux éléments :[4]

- **MER** – la Marine royale canadienne :
  8 400 marins à temps plein et
  5 100 marins à temps partiel;
- **TERRE** – l'Armée canadienne :
  21 000 soldats à temps plein;
  20 000 réservistes;
  5 000 Rangers (une composante de la réserve)[5]
- **AIR** – l'Aviation royale canadienne :
  13 365 aviateurs à temps plein;
  2 035 aviateurs à temps partiel.

Les « groupes professionnels militaires communs » procurent un soutien aux trois éléments des FAC dans les domaines de la logistique, de la gestion des ressources, de la gestion du personnel et des techniciens. Les membres des groupes professionnels militaires communs peuvent travailler au sein des trois éléments quelle que soit la couleur de leur uniforme.

Une femme entre dans votre bureau...

Une carrière au sein des FAC est un appel du devoir. Les soldats, les marins et les aviateurs et aviatrices qui, au fil des années, ont répondu à cet appel démontrent des valeurs qui définissent et unissent les Canadiens et les Canadiennes d'un océan à l'autre. Ils sont habités par le un désir d'aider les autres et une volonté de combattre et de protéger ce en quoi ils croient.

Les FAC constituent une organisation unique où les militaires apprennent et perfectionnent les aptitudes au combat et de soutien au combat. Il n'existe aucune possibilité d'effectuer un transfert latéral à partir d'un emploi externe. L'avancement professionnel est fondé sur l'expérience et les connaissances acquises par l'entremise de la formation et des emplois occupés au sein des FAC. Il s'agit d'une carrière unique en son genre.

Des 95 000 militaires de la Force régulière et de la Force de réserve, environ 5 000 quittent les FAC chaque année. Un grand nombre de ces militaires, surtout ceux ayant passé plusieurs années dans les FAC, ont très peu ou aucune expérience du marché de l'emploi civil.[6]

En juillet 2014, le Sous-comité sénatorial des anciens combattants a publié un rapport détaillé, *La transition à la vie civile des anciens combattants,* qui comprenait une série de recommandations afin de répondre aux besoins des militaires canadiens en transition de la Force régulière et de la Force de réserve.[7] Le même mois, le réseau américain *Career Planning and Adult Development Network* a dédié l'entière édition de l'automne 2014 de sa revue *Career Planning and Adult Development Journal* aux besoins des vétérans américains. Ces rapports, ainsi que mes entrevues auprès de militaires des FAC, anciens et actuels, ont révélé qu'en plus des défis associés au retour à la vie civile, la transition vers des carrières et des emplois civils comporte également ses propres défis à la réintégration.

La Compagnie Canada, grâce à son Programme d'aide à la transition de carrière (PAT), est un exemple d'organisme non militaire voué à faciliter la transition des vétérans des FAC vers le marché de l'emploi civil. (Vous trouverez une liste d'organismes semblables au chapitre 8, y compris quelques nouvelles initiatives prometteuses.) Cela dit, étant donné que près de 5 000 personnes quittent chaque année les FAC, tôt ou tard l'une d'elles se retrouvera dans votre bureau ou le mien.

Voilà pourquoi nous avons rédigé ce guide à l'intention des intervenants en développement de carrière. Le but premier est de présenter le contexte, l'information générale, les outils et les ressources utiles qui nous serviront dans notre travail auprès de cette population.

Assez de préambules. Commençons!

*** *** ***

Examinons le scénario fictif suivant :

Une femme dans la fin de la trentaine entre dans votre bureau. Elle vous dit qu'elle a travaillé comme soldat pendant les 18 dernières années et qu'elle a récemment quitté les FAC. Elle cherche du travail et vous demande conseil.

Vous savez quoi faire. Depuis des années, vous aidez des clients à trouver des emplois intéressants ou encore à évaluer, à déterminer ou à préciser leurs aspirations professionnelles. Vous savez comment créer des objectifs mesurables, rédiger des curriculum vitæ ciblés, aider les clients à formuler et à démontrer leurs compétences, ou même recommander des ressources et des moyens pour obtenir de la formation complémentaire, au besoin. Vous pouvez leur montrer comment utiliser le réseautage de façon efficace en tirant avantage de tous les médias sociaux et de toutes les personnes-ressources que vous connaissez. Cette tâche est un jeu d'enfant. Vous devez d'abord apprendre à les connaître, déterminer leur expérience professionnelle et leurs aspirations de carrière. Vous pouvez également examiner leur curriculum vitæ afin de mieux comprendre leurs antécédents professionnels avant de les aider à formuler une stratégie de recherche d'emploi.

Pourtant, en lisant le curriculum vitæ de cette cliente, vous réalisez qu'elle est un peu différente de vos clients habituels. Elle a travaillé comme artilleuse. Certains termes comme « obusier », « M777 », « observateur avancé », « préparer les munitions » et « tirer le cordon » vous laissent perplexe.

Alors, vous lui demandez : « Comment en êtes-vous arrivée à faire ce genre de travail? »

Réponse : « Disons que, après le secondaire je ne savais pas trop quoi faire. Quelqu'un m'a suggéré d'entrer dans les FAC, alors je suis allée au centre de recrutement avec un ami et je me suis enrôlée. J'ai réussi mon instruction élémentaire et décidé de devenir artilleuse. »

Vous posez une autre question : « Qu'est-ce que vous faisiez exactement? »

Réponse : « Eh bien, j'ai accompli toutes sortes de tâches liées à mon métier en vue d'appuyer des missions de combat, particulièrement l'appui de tirs indirects, la défense aérienne, la surveillance et l'acquisition de cibles en situation de combat. »

Hein?

Vous essayez de nouveau : « Pouvez-vous décrire précisément le type de travail que vous aimiez faire et dans lequel vous excelliez? »

Réponse : « J'ai vraiment aimé le maniement avancé des armes, les techniques de plein air et les exercices tactiques de section ».

Les choses ne s'améliorent pas du tout.

Une autre question : « Alors, dites-moi, pour quelles raisons avez-vous décidé de quitter votre carrière militaire? »

Réponse : « Eh bien, après de nombreuses mutations d'un bout à l'autre du pays, mes enfants avaient de plus en plus de difficulté à s'adapter à leurs nouvelles écoles, à se faire de nouveaux amis, etc. »

***

Ce scénario fictif illustre les défis rencontrés par les militaires en transition lorsqu'ils tentent d'expliquer leurs compétences professionnelles.

Il y a tant d'aspects de la vie militaire qui sont inconnus, à moins de les avoir vécus. Donc, avant d'aider notre cliente à se trouver un emploi civil, commençons par en apprendre davantage sur ses besoins et sur la vie qu'elle quitte.

PARTIE I :
BESOINS ET CULTURE

Photo courtousie: Forces des armées canadiennes

« *Les anciens militaires des Forces armées canadiennes font preuve d'aptitudes en gestion, d'ingéniosité, de discipline et de motivation; autant de compétences requises dans le secteur privé.* » *[traduction libre]*

—Blake Goldring, la Compagnie Canada[8]

CHAPITRE 1

Comprendre les besoins des vétérans

CONTENU DU CHAPITRE

+ Ce que les militaires laissent derrière lorsqu'ils quittent le service militaire.

+ Un aperçu des défis et des besoins rencontrés par les vétérans, comme relevés dans la documentation.

La décision de quitter le service militaire, que ce soit volontairement ou non, nécessitera certaines adaptations. Dans un rapport de 2014 préparé par le Sous-comité sénatorial des anciens combattants, 25 p. cent des vétérans interrogés entre 1998 et 2007 ont signalé avoir éprouvé des difficultés à faire la transition vers la vie civile.[9]

Les militaires qui ont quitté les Forces armées canadiennes (FAC) peuvent ressentir une perte d'identité. Ils pourraient regretter l'autorité qu'ils exerçaient ou la discipline du milieu militaire. Pour plusieurs, les FAC représentaient un style de vie motivé, structuré et dominé par un but bien précis. Les militaires portent un uniforme qui indique leur grade et leur engagement envers leur pays. Ils font face à des défis et vivent des aventures qui se retrouvent dans peu d'environnement de travail. Ce sont quelques-uns des avantages de servir dans les FAC. Lorsqu'un militaire quitte les FAC, il renonce à tout ça.

Une ancienne militaire interrogée a déploré le fait que personne ne mentionne ces avantages perdus. Pour elle, le plus difficile a été de renoncer à son insigne. Cela représentait la perte de son appartenance à la collectivité militaire et de tous les avantages qui l'accompagnaient.

Étant donné le soutien et l'identité que les FAC procurent à ses militaires, l'intervenante en développement de carrière Melissa Martin suggère, autant que possible, de se donner une période de 18 mois avant une libération afin de la planifier.[10] La conseillère en transition Jo-Anne Flawn-LaForge va même plus loin : elle incite les militaires de la Force régulière à commencer la planification de leur transition cinq ans avant leur libération.

Pourquoi une si longue période?

Plus la période de service du militaire a été longue, plus la période d'ajustement sera susceptible de l'être aussi. Les vétérans doivent apprendre à accepter la vie civile et, au besoin, prendre le temps de faire le deuil des aspects de la vie militaire qui leur manquent. Le vétéran doit notamment se réadapter à la vie familiale, chercher du travail au lieu d'être nommé à un poste, possiblement se recycler dans un emploi différent ou retourner sur les bancs d'école, s'adapter à la culture d'un travail civil. Pour ces raisons, la planification préliminaire est cruciale.

Un des vétérans que j'ai interrogés en 2014 pour un rapport du CERIC était du même avis. Lorsqu'on lui a posé la question

« Quel a été votre plus grand défi (en ce qui concerne la transition vers une carrière civile)? », sa réponse a été : « J'aurais dû commencer la planification plus tôt. Je n'ai fait aucune préparation avant ma libération. Je recommanderais de six mois à un an de planification. »[11]

Tout comme dans la planification de la retraite, plus la période de planification préliminaire est longue, plus la transition sera facile.

Bon. Nous reconnaissons désormais qu'il y a des pertes. Nous savons que la transition comporte des défis. Quels sont donc les besoins des vétérans? Une étude de la documentation disponible au Canada et aux États-Unis révèle qu'il existe neuf catégories générales de besoins.

Un aperçu des besoins et des défis

1. Comprendre la culture militaire

Parce que la plupart des civils y compris les intervenants en développement de carrière, les formateurs et les employeurs ne comprennent pas la nature de la vie, de la culture et de la formation militaires, les mythes et l'ignorance se perpétuent. Dans l'édition spéciale sur les vétérans d'une revue de développement professionnel de 2014, Krysta Kurzynski déclare que les vétérans américains ont l'impression que la population civile ne réalise pas et n'apprécie pas les efforts qu'ils ont déployés pour leur pays.[12] Je me hasarderais à dire que les vétérans des FAC partagent la même opinion.

La Compagnie Canada, les Services de transition des FAC, Anciens Combattants Canada et d'autres entités comprennent la valeur que les anciens militaires peuvent apporter à leur milieu de travail. Une portion de leurs efforts vise à éduquer les employeurs sur la culture militaire, et sur le fait que ces militaires détiennent déjà les compétences requises pour les emplois civils. Cela dit, le Canadien moyen en connaît probablement davantage au sujet de l'armée américaine qu'il n'en connaît au sujet de nos propres FAC. Voilà une autre raison qui justifie ce guide. Nous avons tendance à négliger ou à juger d'avance ce que nous ne comprenons pas. L'approfondissement des connaissances du public à l'égard de la vie militaire, de la terminologie et des grades en passant par la structure des différents types d'environnement de travail et leurs fonctions favorisera la transition des anciens militaires vers le marché de l'emploi civil.

Et si les établissements d'enseignement offraient des cours ouverts aux militaires et invitaient les vétérans à contribuer au curriculum et à la classe en partageant leurs expériences de vie?[13] Ce pourrait être une façon de démontrer notre appui et notre reconnaissance envers les soldats, et ce à quoi ils sont confrontés, tout en approfondissant nos connaissances. Quelle que soit notre position en matière d'éthique de la guerre, la réduction du fossé entre les mondes militaire et civil favorisera l'élimination d'au moins un des nombreux obstacles auxquels sont confrontés ces fonctionnaires publics à leur retour à la vie civile.

2. Soutien, réseaux et rayonnement

Les vétérans ont plus de chance de réussir s'ils ont un réseau de soutien – des gens qui parlent le même langage, qui comprennent ce qu'ils ont vécu et peuvent les former, leur servir de mentor, les aider à trouver un emploi, à rencontrer des employeurs et à trouver de l'information concernant les services de soutien à leur disposition. Une recommandation intéressante suggère de former des vétérans en tant que facilitateurs de développement professionnel global afin qu'ils puissent aider leurs pairs.[14] Ce n'est pas une mauvaise idée.

Plus les membres de la famille, les intervenants en développement de carrière, les associations professionnelles, les fournisseurs de service et les vétérans collaborent et partagent leurs connaissances, leurs ressources et leurs pratiques exemplaires, moins les anciens et anciennes militaires se sentiront négligés.

3. Services pour vétérans malades ou blessés

Imaginez l'état d'un soldat qui doit quitter les FAC contre son gré. Il s'est blessé; il sait ce qui s'en vient. Un militaire des FAC doit être prêt à exécuter un large éventail de tâches, et non pas seulement les fonctions de son propre métier. Puisqu'il ne répond plus au principe d'universalité du service, il n'est plus apte à porter l'uniforme[15]. Partir est déjà assez difficile – surtout si cette identité était très importante à ses yeux. Maintenant, en plus des pertes mentionnées plus haut, ce vétéran doit également affronter les pertes liées à ses blessures. Quelles sont les répercussions de cette situation sur son travail et sa vie quotidienne?

L'observation qui ressort le plus souvent des travaux de recherche en santé mentale menés au sein des FAC est que la majorité des sujets ne présentent pas de maladie mentale au cours d'une année donnée. Cependant, une importante minorité de sujets éprouveront des problèmes au cours d'une année, et un nombre beaucoup plus grand de sujets souffriront d'une maladie mentale à un certain moment de leur vie. Selon l'Enquête sur la santé mentale dans les FAC de 2002, 15 p. 100 du personnel des FAC avaient présenté, au cours des 12 derniers mois, les symptômes de l'un des cinq troubles mentaux les plus fréquents : dépression majeure, phobie sociale, état de stress post-traumatique (ESPT), trouble panique et anxiété généralisée.[16]

Des études ont démontré que la prévalence globale des maladies mentales au sein des FAC est semblable à celle observée dans la population générale. Il en est de même pour la dépendance à l'alcool. Cependant, pour des raisons encore mal comprises, les militaires de la Force régulière ont deux fois plus de chance de souffrir de dépression que leurs homologues civils.

Bien que la plupart des militaires libérés pour des raisons médicales ne souffrent pas de blessures qui limitent leur capacité à travailler, les récentes guerres ont permis d'observer une augmentation du nombre de blessures de stress opérationnel (BSO), y compris les états de stress post-traumatique (ESPT) et les traumatismes cérébraux.[17] Parmi les autres manifestations de maladies mentales touchant les militaires, notons la dépression, les troubles anxieux et l'abus d'alcool ou d'autres drogues.

Qu'en est-il des blessures physiques qui limitent la capacité à travailler? Les intervenants en développement de carrière seront beaucoup plus utiles auprès des vétérans malades ou blessés s'ils ont une connaissance, même rudimentaire, de ces déficiences et des ressources offertes à ceux qui en souffrent.

4. Éducation et formation

Un client qui s'est enrôlé dans les FAC en ne détenant qu'un secondaire IV et qui a effectué un type de travail typiquement militaire aura probablement besoin d'un certaine formation complémentaire ou d'appoint lorsqu'il quittera le service militaire. Plusieurs, cependant, ne sont pas au courant des avantages pertinents auxquels ils ont droit, où les trouver, comment les utiliser ou même où les formations sont données. Voilà pourquoi il est essentiel que les militaires prennent contact avec les Services de transition des FAC avant leur libération.

Ensuite, il y a le problème de diplomanie. De quelle façon les militaires actifs peuvent-ils tirer parti de leurs titres de compétences et de leurs formations militaires dans le monde civil? Est-ce que les institutions accordent des crédits pour la formation, les cours ou l'expérience professionnelle militaires? Dans l'affirmative, lesquelles? Quels documents sont exigés? Comment pouvons-nous facilement transmettre ces renseignements aux vétérans? Nous tenterons de répondre à ces questions dans le chapitre 6.

5. Emplois

Richard N. Bolles, auteur du guide du chercheur d'emploi *What Color Is Your Parachute?*, soutient que le besoin le plus important des vétérans est de trouver un emploi.[18] Un article du *New York Times* de 2015 affirmait que 70 p. cent des vétérans américains étaient certains de pouvoir se trouver un emploi après le service.[19] Cependant, un an après leur libération, le pourcentage avait décliné à 57 p. cent et l'année suivante à 46 p. cent. Ils ont déclaré ne pas se sentir aussi bien outillés et préparés que les chercheurs d'emploi civils dans les domaines de la rédaction d'un curriculum vitæ et de lettres d'accompagnement efficaces, du réseautage, et du transfert de compétences. En outre, pour une personne habituée à une culture où l'avancement repose sur le rendement ou l'ancienneté, même une entrevue d'emploi ordinaire constitue un territoire inconnu.

Bien que la situation du marché de l'emploi pour les vétérans des FAC soit en général plutôt positive, certains sous-groupes sont confrontés à des défis semblables à ceux des vétérans américains.

Les chapitres 3 et 4 abordent en profondeur le sujet de l'emploi, mais voici quelques besoins professionnels importants qui ont été relevés dans la documentation :

- Des renseignements pertinents sur la recherche d'un emploi, y compris une démarche étape par étape.

- Des ressources et outils de recherche d'emploi à l'intention des vétérans.

- L'atténuation des mythes et des peurs des employeurs à l'égard de l'embauche de vétérans ou de militaires de retour d'une mission et susceptibles d'être rappelés.

- La description des emplois militaires dans le vocabulaire du milieu du travail civil.

- Des renseignements sur les équivalences entre les emplois civils et militaires.

- L'élimination des obstacles à l'emploi (manque d'éducation, problèmes financiers, déficiences).

- La création de curriculum vitæ pour le milieu du travail civil; l'accès à des services professionnels d'encadrement et de rédaction; la préparation aux entrevues d'emploi civil.

- Le fait de comprendre et d'accepter le changement de culture professionnelle, p. ex., passer de la hiérarchie et de la conformité à l'autopromotion.

- La recherche d'employeurs et d'emplois favorables aux militaires.

- La baisse de revenu durant la période de transition.

6. Conversion des compétences

Un autre domaine professionnel où il existe un besoin est l'application des compétences du service militaire aux carrières civiles. Un défi connexe consiste à relever les emplois civils correspondants aux professions militaires. De plus, il serait bien que davantage d'intervenants en développement de carrière soient au courant des tendances dans les secteurs d'emploi pour lesquels les vétérans ont déjà une formation. Nous y reviendrons plus tard.

7. Enjeux uniques liés à l'avancement professionnel

La nature du service militaire, et les répercussions potentielles des guerres sur les combattants, peuvent engendrer des besoins différents pour cette population de travailleurs. Nous avons déjà abordé les besoins de ceux qui souffrent de troubles physiques ou mentaux directement attribuables à leur service dans les FAC. Nous avons souligné l'importance, pour les vétérans, d'établir des liens avec des gens qui comprennent la vie et la culture militaires. Nous avons également besoin d'intervenants en développement de carrière habitués à travailler auprès de la population militaire. Pour ceux qui débutent dans ce domaine, ce guide n'est qu'une première étape. Nous pouvons également demander aux militaires de nous aider à comprendre la vie militaire.

8. Services et soutien aux familles des militaires

Les déploiements (missions à l'étranger) et les réinstallations des militaires touchent également leur famille. Après chaque déménagement, le conjoint d'un militaire doit trouver une nouvelle maison, se réinstaller, inscrire les enfants à une nouvelle école, remplir les demandes de transfert de dossiers médicaux, se faire de nouveaux amis et chercher un nouvel emploi. Au chapitre 7, nous examinerons les répercussions de la vie militaire sur l'avancement professionnel et l'employabilité du conjoint.

9. Recherche et évaluation

L'Étude sur la vie après le service militaire (ÉVASM) vise à mieux comprendre les répercussions d'une transition de la vie militaire au sein des FAC vers la vie civile. L'ÉVASM de 2013 présente des données importantes sur la situation professionnelle des vétérans des FAC après leur libération.[20]

Par contre, il y a encore beaucoup de choses que nous ne savons pas. Nous avons besoin de données longitudinales comparant les diverses populations militaires et le succès de leurs transitions respectives. Il est également important d'effectuer davantage de recherche sur les besoins des femmes vétéranes, les défis uniques des réservistes, les enjeux de la transition, les moyens de favoriser l'adaptation ainsi que les outils et les méthodes à la disposition des intervenants en développement de carrière.

Pour terminer, est-ce que les interventions actuelles fonctionnent? Quels sont les outils à notre disposition pour évaluer l'efficacité des services? Quels sont les points de référence utilisés? En fin de compte, est-ce que nous répondons aux besoins de nos vétérans canadiens? Tel est notre objectif ultime.

Et voilà un aperçu des besoins et des défis! Le reste du guide mettra l'accent sur ceux qui influencent directement les vétérans des FAC dans leur transition vers un emploi civil. Maintenant, portons notre attention sur la vie et la culture militaire.

* Les intervenants en développement de carrière doivent discuter des pertes encourues par les vétérans lorsque ces derniers quittent le service militaire.

* Trouver un emploi est le défi le plus important auquel les vétérans sont confrontés lors de leur retour à la vie civile.

* Les intervenants en développement de carrière doivent s'efforcer de comprendre les besoins uniques des vétérans en ce qui concerne leur développement professionnel.

* Autres besoins et défis établis dans la documentation pour les militaires en transition vers une vie civile : un manque de compréhension de la culture militaire à l'extérieur du service; un besoin de soutien et de réseaux; l'accès à du soutien et à des services pour les vétérans malades et blessés; l'accès à des études et à de la formation ainsi qu'à des renseignements à ce sujet; la capacité de convertir les compétences en une carrière civile et de déterminer les emplois civils équivalents; des services et du soutien destinés aux membres de la famille; davantage de recherches et d'évaluations.

LES COUPS DE CŒUR D'YVONNE :
Étude sur la vie après le service militaire (EVASM). Le rapport de 2013, qui comprend des statistiques sur la recherche d'emploi après la libération, regorge de renseignements pertinents.

« Collectivement, [les vétérans] sont généralement plus disciplinés, ponctuels, axés vers la mission et axés sur le travail d'équipe que la population en général. » [traduction libre]

—Richard N. Bolles[21]

« C'est une réalité différente »

Raymond a servi dans les FAC pendant plus de 26 ans. Il avait atteint le grade de major du Corps blindé lorsqu'il a pris sa libération.

Pourquoi s'est-il enrôlé? « Mon père était dans l'Armée et je voulais le même genre de défis et de vie palpitante. »

Il a quitté l'armée en raison d'une blessure.

« Je m'ennuie des gens, de la façon dont nous faisions des plans et interagissions entre nous », déclare Raymond.

Maintenant qu'il fait partie du monde civil, il travaille dans le secteur du développement des affaires.

« J'ai commencé à travailler au sein une première organisation, mais après huit mois j'ai réalisé que ce n'était pas ce que je cherchais et j'ai changé d'entreprise. »

Ses anciens collègues de l'Armée, la Compagnie Canada, et l'obtention de son MBA ont favorisé sa transition. « Les adaptations les plus importantes étaient liées aux individus, aux relations entre eux, et à la planification, ou au manque de planification, auquel je me suis heurté jusqu'à maintenant dans le monde des affaires. »

Raymond conseille à ceux qui se préparent à quitter le service militaire pour une carrière civile d'établir des contacts et de toujours être prêts à aider les gens d'une manière positive. « Vous ne savez jamais quand une bonne action vous sera rendue ou comment une aide apportée aujourd'hui vous profitera plus tard. » La capacité de créer de larges réseaux permettant d'établir des liens avec des gens et de trouver des solutions à des problèmes, petits et gros, à l'interne et à l'externe, est un élément essentiel de la transition.

« C'est une réalité différente, et il faut s'adapter à la dynamique sociale et à l'aspect politique au bureau. Les emplois existent. Soyez patient, et soyez prêt à déménager au besoin pour trouver un travail qui vous convient. La nature du travail, le titre du poste, le salaire, les avantages sociaux, la vie familiale, les vacances, etc. sont tous des facteurs qui, selon moi, montent et descendent sur un égalisateur; dans la réalité, ils ne peuvent pas tous être élevés en même temps, vous devez donc accepter de faire des sacrifices ou des choix afin d'obtenir différentes combinaisons. »

« Beaucoup d'argent exige beaucoup de travail et laisse probablement moins de temps à la famille. Si les vacances et le temps en famille vous sont d'une grande d'importance, vous ne ferez probablement pas autant d'argent. Trouver un équilibre entre vos besoins, votre personnalité et les besoins de votre famille, c'est le secret pour être heureux. »

« Trouver l'emploi parfait du premier coup après votre libération est une tâche difficile et irréaliste. Prenez le temps avant votre libération de déterminer vos besoins et vous augmenterez ainsi vos chances de réussir. »

CHAPITRE 2

Comprendre la culture militaire

CONTENU DU CHAPITRE

+ S'enrôler dans les Forces armées canadiennes : exigences (âge, études, état de santé, formation, temps de service).

+ Servir dans les Forces armées canadiennes : mode de vie et culture (gouvernance, structure des grades, professions, état d'esprit, études et formation).

+ Quitter les Forces armées canadiennes : quand et pourquoi.

S'enrôler : le cheminement pour devenir un militaire des Forces armées canadiennes (FAC)

Pour pouvoir s'enrôler dans la Force régulière, une personne doit répondre aux critères suivants :

- Être citoyen canadien;
- Être âgé d'au moins 17 ans (avec consentement parental). Tout candidat, quel que soit son âge, doit être en mesure de suivre l'instruction obligatoire et d'effectuer au moins une période de service avant d'atteindre l'âge de retraite obligatoire, établi à 60 ans;
- Avoir réussi au moins sa quatrième année du secondaire (10e année);
- Être admissible à l'obtention d'une cote de sécurité.

Pour s'enrôler dans la Réserve, le candidat doit communiquer avec l'unité locale de la Réserve de sa région afin de connaître les postes disponibles, puis postuler en ligne.[22] Les demandes sont traitées au centre de recrutement local.

Exigences scolaires

Bien que l'exigence minimum soit une quatrième année du secondaire, la plupart des postes au sein de la Force régulière exigent un diplôme d'études secondaires ou son équivalent.[23] Si un candidat a terminé des études collégiales ou universitaires, ou s'il possède une expérience de travail, son instruction militaire et sa formation professionnelle pourraient être réduites grâce à une évaluation et une reconnaissance des acquis.

Évaluation médicale

Tous les candidats sont évalués par une équipe de professionnels de la santé afin de déterminer toute contrainte qui pourrait avoir une incidence sur leur capacité à servir.

Instruction élémentaire

Après leur enrôlement dans les FAC, tous les militaires doivent suivre l'instruction élémentaire à l'École de leadership et de recrues des Forces canadiennes, située au Québec. Cette instruction enseigne les compétences et les connaissances essentielles pour réussir dans les FAC. Elle comprend l'entraînement physique, les aptitudes militaires de base, le maniement des armes, les premiers soins, et les valeurs et l'éthique militaires. Ceux qui désirent devenir officiers doivent suivre la Qualification militaire de base des officiers de 14 semaines, et les militaires du rang doivent suivre la Qualification militaire de base de 12 semaines.

Durée du service

La durée du service est généralement de trois ans, mais peut être plus longue selon la demande pour les aptitudes du candidat et la durée de son instruction. Si les études du candidat sont payées par les FAC, la durée du service sera prolongée.

Servir : le mode de vie et la culture militaire

Les FAC et le ministère de la Défense nationale (MDN) forment l'Équipe de la Défense du Canada. Ils emploient plus de 100 000 employés militaires et civils. Il s'agit du plus important ministère du gouvernement fédéral, et ses objectifs sont les suivants :

1. Protéger le Canada, les Canadiens et les Canadiennes de toute menace contre sa sécurité nationale.

2. Défendre les valeurs des Canadiens et des Canadiennes à l'échelle internationale selon les directives du gouvernement élu.

Les FAC sont chargées de défendre le Canada ainsi que de contribuer à la défense de l'Amérique du Nord et à la sécurité internationale. Le MDN joue un rôle de soutien à l'égard des opérations des FAC – aussi bien pour les services de base que pour le soutien opérationnel et ministériel.

Haute gouvernance du MDN/des FAC

- **Le gouverneur général**, et non le premier ministre, est le commandant en chef du Canada. Il est chargé de désigner le chef d'état-major de la défense, sur recommandation du premier ministre, de décerner les honneurs et les insignes, de présenter les drapeaux, d'approuver les écussons et les insignes militaires, et de signer les parchemins des commissions.

- Le **ministre de la Défense nationale** agit à titre de PDG pour le ministère de la Défense nationale, et gère tout ce qui touche la Défense nationale. Cette personne est un ministre du Cabinet fédéral.

- Le **ministre associé de la Défense nationale** est chargé des dossiers de la Défense conformément aux instructions du premier ministre, et veille à fournir aux militaires des FAC l'équipement et le matériel requis pour leur travail. Cette personne est aussi un ministre du Cabinet fédéral.

- Le **sous-ministre de la Défense nationale** est chargé des politiques, des ressources, de la coordination interministérielle et des relations internationales en matière de défense.

- Le **chef d'état-major de la défense** est l'officier le plus haut gradé des FAC. Il ou elle est responsable de l'ensemble du commandement, du contrôle et de l'administration des FAC en plus des exigences, des stratégies et des plans militaires.

Structure des grades

Les grades désignent la responsabilité, le statut et l'imputabilité. Ils sont essentiels à la structure disciplinaire de la vie militaire. La culture des FAC repose ouvertement sur la hiérarchie. La chaîne de commandement constitue la colonne vertébrale qui soutient l'efficacité et la discipline opérationnelles. Un Code de valeurs et d'éthique présente brièvement les principes, les valeurs et les comportements attendus des militaires des FAC[24]. La reconnaissance et l'adoption du Code de valeurs et d'éthique sont des conditions d'emploi au sein des FAC.

La responsabilité générale d'un commandant est de prendre des décisions, de guider et d'appuyer les subordonnés, de respecter la chaîne de commandement et d'être responsable des actions de ses subordonnés. Il est de la responsabilité des subordonnés de mettre en œuvre les ordres émis par leur commandant.

Au sein des FAC, il existe 19 grades et deux types de soldats : les officiers de direction (O Comm) et les militaires du rang (MR).

Officiers de direction :

Les officiers doivent être aptes à diriger; à élaborer des politiques, des plans et des programmes; à former des unités et à accomplir les tâches qui leur sont assignées; et à fournir aux militaires du rang des conditions et un environnement adéquat à l'exécution efficace de leurs fonctions. Pour devenir un officier, il est essentiel d'avoir les études universitaires requises ou de s'enrôler dans le Programme de formation des officiers de la Force régulière.

L'officier le plus haut gradé des FAC est l'amiral ou le général détenant le poste de chef d'état-major de la défense, désigné par le premier ministre parmi le groupe de militaires du grade de vice-amiral ou de lieutenant-général.

Comme vous pouvez le constater en consultant le tableau de la **page 47**, l'Armée de terre et la Force aérienne utilisent toutes deux la même convention d'appellation pour identifier leurs grades. La Marine est différente. Certains grades de la Marine ne correspondent pas à ceux de l'Armée de terre ou de la Force aérienne. Par exemple, un capitaine de la Marine est trois grades supérieurs à un capitaine de la Force aérienne ou de l'Armée de terre. Le capitaine de la Marine est donc au même niveau qu'un colonel de l'Armée de terre ou de la Force aérienne. Les insignes de la Marine comportent un « N » à côté du titre de capitaine ou de lieutenant. Le tableau à la **page 50** illustre les grades et les insignes.

Structure des grades des FAC

Chef d'état-major de la Défense		
MARINE (uniforme de couleur noire)	ARMÉE (uniforme de couleur verte)	FORCE AÉRIENNE (uniforme de couleur bleue)
OFFICIERS COMMISSIONNÉS		
Officiers généraux		
Amiral	Général	Général
Vice-amiral	Lieutenant-général	Lieutenant-général
Contre-amiral	Major-général	Major-général
Commodore	Brigadier-général	Brigadier-général
Officiers supérieurs		
Capitaine de vaisseau	Colonel	Colonel
Capitaine de frégate	Lieutenant-colonel	Lieutenant-colonel
Capitaine de corvette	Major	Major
Officiers subalternes		
Lieutenant de vaisseau	Capitaine	Capitaine
Enseigne de vaisseau de 1re classe	Lieutenant	Lieutenant
Enseigne de vaisseau de 2e classe	Sous-lieutenant	Sous-lieutenant
Officiers subordonnés		
Aspirant de marine	Élève-officier	Élève-officier

MILITAIRES DU RANG		
Nominations supérieures		
Adjudant-chef des FAC	Adjudant-chef des FAC	Adjudant-chef des FAC
Premier maître du commandement	Adjudant-chef du commandement	Adjudant-chef du commandement
Premier maître de la formation	Adjudant-chef de la formation	Adjudant-chef de la formation
Militaires du rang supérieurs		
Premier maître de 1re classe	Adjudant-chef	Adjudant-chef
Premier maître de 2e classe	Adjudant-maître	Adjudant-maître
Maître de 1re classe	Adjudant	Adjudant
Maître de 2e classe	Sergent	Sergent
Militaires du rang subalternes		
Matelot-chef	Caporal-chef	Caporal-chef
Matelot de 1re classe	Caporal	Caporal
Matelot de 2e classe	Soldat (formé)	Aviateur (formé)
Matelot de 3e classe	Soldat (confirmé)	Aviateur (confirmé)

Militaires du rang :

Ces militaires sont de grades inférieurs aux officiers commissionnés et ne sont pas titulaires d'une commission. Ce segment des FAC est divisé en huit grades, le plus haut gradé des militaires du rang étant le premier maître de 1re classe (Marine) ou l'adjudant-chef (Armée de terre et Force aérienne).

Les militaires du rang peuvent présenter une demande pour devenir officiers sous différents programmes d'intégration des officiers sortis du rang. S'ils sont acceptés, ils devront obtenir un diplôme universitaire, à moins d'en posséder un. De plus, ceux ayant atteint le grade de sergent, ou l'un des grades du groupe des adjudants, et qui ont démontré de fortes aptitudes de commandement sont susceptibles de se voir offrir un programme d'intégration (officiers sortis du rang). S'ils acceptent ce programme, ils se retrouveront dans le groupe des officiers subalternes de la hiérarchie des officiers. Un diplôme universitaire n'est pas exigé pour ce groupe.

Remarque : Un grand nombre de militaires du rang n'ont aucun intérêt à devenir officiers. Les adjudants-chefs et les premiers maîtres de 1re classe sont les plus hauts gradés de leur métier et jouissent d'une grande influence et d'une portée de commandement qui leur permet d'apporter des changements. De nombreux majors (officiers supérieurs), selon leur groupe professionnel, ne jouissent pas du même niveau de responsabilité. Quitter cette sphère d'influence pour se joindre au groupe des officiers subalternes et se retrouver au bas de la hiérarchie des officiers n'attire pas la majorité des militaires du rang.

Insignes des FAC

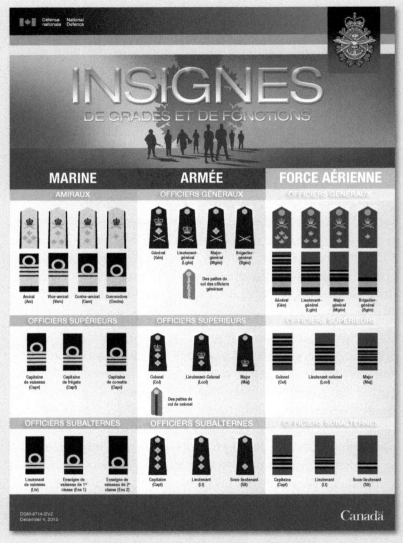

Propriété des FAC; utilisé avec leur permission.

Insignes des FAC

Propriété des FAC; utilisé avec leur permission.

Métiers

Alors que le grade représente la position au sein de la hiérarchie des FAC, chaque militaire actif possède son propre métier. Il existe plus de 100 métiers divisés en dix catégories. Chaque catégorie est constituée d'officiers et de militaires du rang et comporte ses propres exigences en matière d'études ou de formation. Il existe plus de 30 carrières destinées aux officiers des FAC, et 70 métiers ouverts aux militaires du rang.[25] Voici les domaines de spécialisation :

- Administration et soutien;
- Combat (armée);
- Ingénierie;
- Soins de santé;
- Capteurs et radars;
- Protection du public;
- Télécommunications;
- Techniciens;
- Équipages – aéronefs et navires;
- Autres (aumônier, musicien, instructeur de cadet, spécialiste du renseignement, officier du renseignement, avocat et technicien en imagerie).

État d'esprit

Dès le premier jour de l'instruction élémentaire, l'ordre de priorité est inculqué à chaque militaire. La priorité est accordée en premier lieu à la mission, ensuite aux militaires de l'équipe et finalement à soi-même. En d'autres mots, le service avant soi-même. Les principes fondamentaux de cette culture sont : devoir, loyauté, intégrité et courage. Un soldat doit également être prêt à travailler des heures irrégulières ou prolongées, au besoin, et dans des conditions de stress physique extrême. Conformément au principe du « soldat d'abord », les attentes en matière de mobilité, de déployabilité et d'aptitudes physiques sont fondamentales au sein de la culture et du milieu de travail militaires. (Vous trouverez plus de détails à ce sujet ci-dessous.)

Mobilité/mutation

Un militaire actif des FAC peut s'attendre à être muté plusieurs fois au cours de sa carrière. Les mutations sont signe de promotion ou d'avancement dans la hiérarchie. Les promotions sont généralement à la discrétion du commandant et reposent sur l'ancienneté et le rendement. Les mutations ont habituellement lieu au printemps ou à l'été, mais leur moment peut varier selon les besoins organisationnels.

Déploiement

Un militaire des FAC peut être appelé, sur préavis relativement court, à accomplir une mission en particulier. Cela signifie que le militaire est tenu d'être toujours prêt à : travailler pendant des périodes irrégulières ou prolongées, selon la nature de la mission; utiliser n'importe quel mode de transport; manger de façon sporadique ou à sauter des repas; et travailler dans des conditions de stress physique ou environnemental extrême, et même avec peu ou pas de soutien médical. Il est donc impératif que le corps et l'esprit maintiennent une forme parfaite en tout temps. La déployabilité et l'employabilité vont de pair : lorsqu'un militaire n'est plus en mesure de satisfaire au principe d'Universalité du service ou du « soldat d'abord, » il n'est plus en droit de porter l'uniforme.[26]

Condition physique

La bonne forme physique est une autre exigence importante de la vie militaire. Du temps dédié à l'entraînement est alloué quotidiennement à tous les militaires des FAC. Les militaires sont tenus de subir et de réussir une évaluation de leur condition physique tous les ans ou plus souvent selon les exigences de leur profession.

Compétences et aptitudes

Chaque militaire actif doit être apte à utiliser et à prendre soin d'une arme personnelle, à mener des exercices, à combattre des incendies, à prodiguer les premiers soins et la RCR, à communiquer par le biais d'équipements radio, à rédiger de la correspondance et à démontrer les compétences de base suivantes :

• Motivation personnelle;
• Planification/initiative;
• Travail d'équipe;
• Service à la clientèle;
• Ordre et qualité;
• Pensée critique;
• Domaine d'expertise;
• Flexibilité;
• Influence;

- Apprentissage continu;
- Compréhension organisationnelle;
- Assurance;
- Autogestion;
- Qualités de chef;
- Réactivité.

Études, formation et perfectionnement professionnel

Des occasions d'apprentissage et de formation continue sont offertes après l'enrôlement dans les FAC. Chaque militaire a la chance d'établir des plans d'apprentissage personnels qui lui permettront de perfectionner des compétences ou d'en acquérir de nouvelles. Par contre, le militaire des FAC employé à temps plein doit être en mesure de trouver un équilibre entre ses études et la poursuite simultanée de sa carrière à temps plein.

Il existe trois établissements d'apprentissage associés aux FAC :

- Le **Collège militaire royal du Canada** (CMRC) [www.rmcc-cmrc.ca]. Situé à Kingston, en Ontario, le CMRC prépare les élèves-officiers et les aspirants de marine à une carrière dans les FAC. L'établissement accepte également des étudiants civils du premier cycle et de cycles supérieurs désirant en apprendre davantage sur les enjeux de la défense. Son rôle premier est d'éduquer et de former des leaders désireux de servir le Canada par l'entremise des FAC.

- Le **Collège militaire royal de Saint-Jean**
  [www.cmrsj-rmcsj.forces.gc.ca]. Situé à Saint-Jean-sur-Richelieu, au Québec, cet établissement prépare les étudiants qui démontrent un potentiel, mais qui ne remplissent pas toutes les conditions préalables à la première année universitaire. L'établissement offre un programme passerelle du diplôme d'études collégiales du Québec (ou 12ᵉ année) et de première année universitaire. Les étudiants peuvent ensuite passer en deuxième année au CMRC.

- **Collège des Forces canadiennes (CFC)**
  [www.cfc.forces.gc.ca]. Situé à Toronto, le CFC offre des programmes d'étude dans les domaines de la défense, de la sécurité nationale, des opérations et du leadership de direction. L'établissement offre également un programme d'apprentissage à distance : le programme de commandement et d'état-major interarmées.

Outre les établissements ci-dessus, la formation Génération du personnel militaire (GÉNPERSMIL), une organisation ombrelle à caractère éducatif, est responsable des activités de génération de personnel des FAC. Cela comprend l'Académie canadienne de la Défense (ACD), l'École de leadership et de recrues, et les écoles de métiers. Son mandat consiste à diriger le système de génération du personnel des FAC de manière à assurer la distinction au sein de la profession des armes.

L'Armée, la Marine et la Force aérienne supervisent et veillent au respect des normes des établissements d'instruction propres à leur élément. Les établissements d'instruction se spécialisent dans les domaines suivants :

- Études aérospatiales (École d'études aérospatiales des FC);
- Sélection du personnel de l'aviation (Centre de sélection du personnel navigant des FC) et formation à l'étranger;
- Armement;
- Artillerie;
- Instruction élémentaire pour les officiers et les militaires du rang de la Force régulière (École de leadership et de recrues des FC);
- Aumônerie;
- Commandement (Collège de commandement et d'état-major de l'Armée canadienne);
- Communication;
- Ingénierie;
- Éthique;
- Entraînement de forces militaires étrangères;
- Infanterie;
- Langues (École des langues des FC);
- Logistique;
- Services de santé;
- Météorologie;
- Renseignements militaires;
- Droit militaire (Centre de droit militaire des FC);
- Formation militaire à l'étranger;
- Soutien de la paix;
- Formation de pilotes (École de pilotage des FC);
- Maintien de l'ordre;
- Affaires publiques;
- Recherche et sauvetage (École de recherche et de sauvetage des FC);
- Tactique.

Départ : libération des FAC

La libération ou la retraite des FAC se produit généralement lorsque le militaire a rempli ses conditions de service, conformément à l'entente des conditions de service. Cependant, dans certains cas, il est possible qu'une libération soit accordée avant la fin du contrat, sur demande. La plupart des libérations sont volontaires et environ 15 p. cent d'entre elles sont liées à des raisons médicales. Un faible pourcentage limité des libérations est imputable à une conduite indigne ou à des états de service insatisfaisants.

Les conditions de service sont d'une durée minimale de trois ans et peuvent être plus longues selon la formation requise pour une profession en particulier. Dans le cas où les FAC paient des études dans un établissement civil, le militaire devra servir deux mois supplémentaires pour chaque mois d'études payé.

Les données recueillies entre 2011 et 2014 démontrent que la moyenne d'âge des soldats des FAC au moment de leur libération était de 35 ans pour les libérations en général, et de 43 ans pour les libérations pour raisons médicales.[27] Bien que l'âge de retraite obligatoire soit de 55 ans (avec la possibilité de servir jusqu'à 60 ans), il convient de noter que les militaires s'étant enrôlés dans les FAC entre 17 et 20 ans pourraient, après un service militaire de 20 ans, prendre leur « retraite » à l'âge relativement jeune de 37 à 40 ans.

Réservistes

Comme mentionné précédemment, outre les militaires servant dans la Force régulière, il existe également au sein des FAC une Force de réserve. Un des avantages de la fonction de réserviste est la possibilité de travailler à temps partiel au service des FAC et de perfectionner ses compétences en vue d'emplois futurs, sans toutefois devoir s'engager à long terme. De nombreux militaires de la réserve occupent des postes civils à temps plein ou poursuivent des études. Les réservistes sont au travail ou en formation au sein de leur unité environ quatre soirées et une fin de semaine par mois. Ils reçoivent 85 p. cent du salaire de la Force régulière ainsi qu'un ensemble d'avantages sociaux raisonnables.

Contrairement aux militaires de la Force régulière, les réservistes ont le choix de se porter volontaires lorsqu'il s'agit de déploiement ou de formation. Cependant, dans l'éventualité d'une situation d'urgence nationale (guerre ou invasion), le gouvernement du Canada est en droit de les obliger à servir à temps plein au pays et à l'étranger.

En ce qui concerne la transition à l'emploi civil, la plupart des réservistes n'éprouveront peut-être pas le même degré de difficulté, puisqu'ils n'auront jamais vraiment quitté le monde civil, ou ne l'auront fait que pour une courte durée. Ceux qui comme Marc, dont le récit figure à la **page 121**, ont servi plusieurs contrats à temps plein sont cependant susceptibles d'éprouver les mêmes besoins d'adaptation au civil et de nécessiter autant de soutien que leurs homologues de la Force régulière.

*** *** ***

J'espère que vous comprenez bien maintenant l'environnement de travail militaire est structuré différemment de la plupart des milieux de travail civils. Alors, que doit-on faire pour aider nos clients vétérans à trouver un emploi rémunérateur? Avant de répondre à cette question, Dick Gaither, président de Jobs Search Training Systems Inc., suggère de poser à nos clients quelques questions simples :[28]

- Voulez-vous faire exactement ce que vous faisiez comme militaire?

- Préféreriez-vous faire quelque chose d'autre?

- Souhaitez-vous démarrer votre propre entreprise?

- Désirez-vous retourner aux études?

- Souhaitez-vous prendre une pause pendant un certain temps ou vous retirer du marché du travail?

Les réponses aux questions ci-dessus nous aideront à élaborer notre stratégie.

★ La culture militaire repose sur la hiérarchie. Chaque soldat doit respecter la chaîne de commandement et s'y conformer.

★ La priorité d'un militaire est la mission en premier lieu et soi-même en dernier lieu.

★ Afin de répondre aux exigences de déployabilité, un soldat doit être en bonne santé mentale et physique.

★ Les compétences et les qualités requises pour servir dans les FAC sont nombreuses et peuvent être mises à profit dans un emploi civil.

★ Les retraités des FAC ne sont pas nécessairement vieux!

★ Les réservistes peuvent avoir des besoins différents de ceux des militaires de la Force régulière.

PARTIE II :
EMPLOI ET EMPLOYABILITÉ

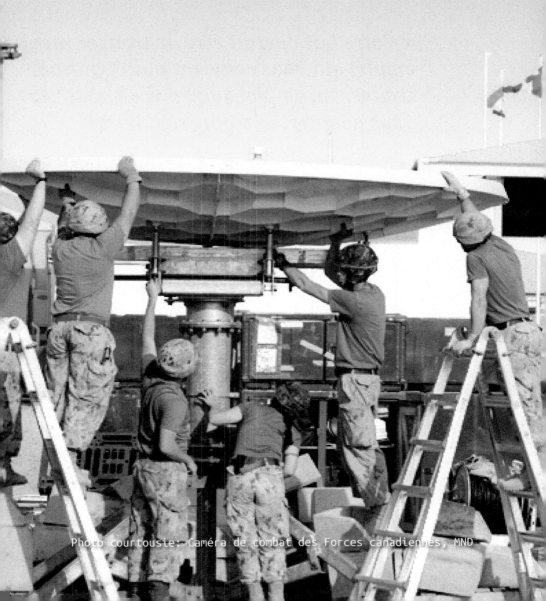

Photo courtousie: Caméra de combat des Forces canadiennes, MND

« *Votre but devrait être de trouver un emploi qui vous convient plutôt que de trouver un emploi auquel vous pourriez vous adapter.* » *[traduction libre]*

—Ron et Caryl Krannich, *I Want to Do Something Else, but I'm Not Sure What*[29]

« Souligner les compétences qui seront réellement utiles »

Émilie est ingénieure et détient le grade de caporal. Elle est militaire dans la Force de réserve des FAC depuis huit ans. Elle a des antécédents militaires : son père, son oncle et son grand-père ont tous servi dans les FAC. Après ses études secondaires, Émilie s'est enrôlée dans la réserve, suivant l'exemple d'un ami qui s'était enrôlé l'année précédente.

Bien qu'on lui ait offert à mainte reprise de rallier la Force régulière à temps plein, Émilie préfère demeurer à temps partiel. Elle apprécie la vie sans souci des réservistes. « Tous les repas sont fournis, l'hébergement est compris, il y a beaucoup de temps pour s'entraîner et il y a toujours du monde autour pour s'amuser et jaser. » Par contre, l'une des tâches qu'elle apprécie moins est la paperasse.

Émilie travaille maintenant à temps plein comme spécialiste/conseillère technique au sein de la division des transports d'une importante entreprise située en Colombie-Britannique. Elle fournit à son équipe les documents procéduraux nécessaires au système de transport de l'organisation, contribue à résoudre les problèmes, recommande des réparations supplémentaires, et est l'autorité finale quant à la disponibilité du transport. Elle gère également les pièces, au besoin, et veille à ce que « les stocks soient toujours bien approvisionnés ».

« La transition s'est bien déroulée », affirme Émilie. « J'ai toujours occupé des postes d'ingénieure ou de technicienne civiles pendant mes années universitaires. J'ai réussi à me trouver un emploi grâce à mes connaissances, à un curriculum vitæ adéquat, à mon service militaire et à un diplôme en ingénierie. »

Quel est donc le conseil d'Émilie?

« Attendez-vous à devoir travailler dur pour obtenir un emploi civil et pour le garder, surtout dans l'économie actuelle. Les études sont d'une importance capitale. »

« Finalement, mais le plus important, soulignez les compétences qui seront réellement utiles pour l'emploi ou le poste. »

CHAPITRE 3

La situation globale : les vétérans sont confrontés à des défis uniques

CONTENU DU CHAPITRE

+ Les compétences et les qualités des militaires.

+ Les facteurs ayant des répercussions sur une transition vers un emploi civil.

Il existe de nombreuses études déjà, particulièrement à l'intention des employeurs, qui soulignent les qualités et les compétences que les anciens soldats, marins, aviateurs et aviatrices offrent dans leurs milieux de travail. Les employeurs sont à la recherche de candidats qui, en plus d'avoir les compétences pour l'emploi, font preuve d'adaptabilité, de souplesse, de motivation personnelle, de fiabilité, de dévouement, de professionnalisme et d'enthousiasme, en plus d'être axés sur la mission. Selon Jo-Anne Flawn-LaForge, conseillère en transition des FAC, ceux qui ont reçu une instruction militaire possèdent ces qualités et plus encore :

- **Loyauté, dévouement et sens du devoir** : finissent la tâche, quels que soient les obstacles, jusqu'à ce que la mission soit accomplie.

- **Travail d'équipe/collaboration** : sont aptes à travailler ensemble dans un but commun, et font confiance à leur équipe pour veiller à la réussite de la mission.

- **Qualités de chef** : ont appris les méthodes de gestion, de formation, d'évaluation et de perfectionnement du personnel; savent faire en sorte que les gens vous suivent parce qu'ils croient en vous.

- **Résolution de problème** : ont reçu une formation sur la résolution optimale de problèmes, et n'hésitent pas à renoncer au plan d'action prévu si la situation change, tout en travaillant sous pression et dans des circonstances où les enjeux sont importants.

- **Discipline** : ont appris à maintenir leur corps et leur esprit – aussi bien leur équipement et leur trousse d'hygiène personnelle que leur santé mentale et physique – en parfaite condition. À défaut de quoi le militaire risque de perdre le droit de porter l'uniforme.

- **Connaissance du personnel** : savent comment former, gérer et mener des gens et gagner leur respect.

- **Axé sur le but ou la mission** : ont été formés pour faire passer les besoins de la mission avant les leurs.

- **Responsabilité** : sont responsables de la vie d'autrui, d'équipements coûteux et d'enveloppes financières.

- **Connaissances** : sont aptes à utiliser les systèmes de communication et de l'équipement complexe, respectent les normes de sécurité et sont attentifs aux moindres détails.

Étant donné ces particularités et ces compétences plus qu'adéquates, comment se fait-il que plusieurs éprouvent des difficultés à trouver un nouvel emploi et à s'y adapter?

Ignorance de la culture et de la langue du milieu de travail civil

Ceux d'entre nous qui conseillent leurs clients sur la logistique requise afin de s'y retrouver dans le marché de l'emploi civil reconnaissent que la tâche peut être difficile même pour le chercheur d'emploi chevronné. C'est pourquoi nous offrons des séances d'encadrement ou d'orientation et des ateliers individuels afin d'aider les clients à apprendre les « ruses du métier » et le langage de l'employeur. Nous insistons sur l'importance de l'autopromotion, de préparer nos clients à des questions d'entrevue de type comportemental ou situationnel, et nous leur recommandons fortement de faire leur propre étude de marché.

Imaginez maintenant ce que ressentirait une personne qui a vécu les 10 ou 15 dernières années dans une culture complètement différente. De façon très concrète, il s'agit de la réalité pour les militaires qui s'efforcent de faire la transition vers une carrière civile. Ils éprouvent une sorte de choc culturel.

Comme nous l'avons indiqué ci-dessus et au chapitre précédent, l'ordre de priorité d'un militaire est d'abord la mission, ensuite son équipe, et lui-même en dernier lieu. Dans la culture professionnelle civile, c'est l'inverse. Le chercheur d'emploi civil doit démontrer à son employeur potentiel de quelle façon il, le candidat, aidera l'organisation à réaliser sa mission ou de quelle façon elle, la candidate, ajoutera de la valeur à l'organisation. Cette culture requiert une mentalité complètement différente.

Notre client passe d'un environnement qui repose principalement sur la hiérarchie et la conformité, et où les rôles et l'avancement professionnel sont clairement définis, à une culture qui récompense l'autopromotion et l'autonomie. Généralement parlant, la culture professionnelle civile a tendance à favoriser la collaboration et une souplesse en matière de rôles, tout en ayant une structure et un processus d'avancement professionnel moins bien définis.[30]

Un militaire qui envisage de s'aventurer sur le marché de l'emploi civil doit s'efforcer de comprendre les différences entre ces cultures professionnelles, et les exigences requises pour réussir. Un ancien officier interrogé pour les besoins du présent guide l'a formulé ainsi : « Si vous ne connaissez pas l'environnement dans lequel vous vous aventurez, vous allez avoir des problèmes ». C'est aussi simple que cela!

Un soldat n'irait jamais en mission sans avoir effectué la reconnaissance nécessaire. Il en est de même lorsque vous entrez ou retournez dans le milieu du travail civil – surtout après une longue absence. Voici les réponses de deux vétérans, interrogés en 2014 pour un rapport du CERIC, à la question :

« Quel a été votre plus grand défi au cours de votre transition vers une carrière civile? » :

> « Je crois que mon plus grand défi a été la confiance en l'utilité de mes aptitudes et de mes compétences auprès d'un employeur civil. Je ne possède pas de diplôme professionnel et je n'ai pas exercé de profession militaire facilement transférable. En tant qu'officier blindé, j'ai été un leader et parfois un gestionnaire, mais il m'a fallu déterminer ce que je voulais faire et comment la myriade d'emplois que j'avais exercés au cours des années (la plupart hors de mon métier et sans formation) allaient m'aider à effectuer la transition. »

> « Lorsque j'ai réalisé que j'allais devoir quitter l'Armée, j'ai discuté avec quelques-uns de mes meilleurs amis. Je leur ai demandé comment s'était passée leur transition et comment ils en étaient venus à choisir leur seconde carrière. C'est grâce à ces discussions avec quelques personnes remarquables que j'ai été en mesure de déterminer les compétences et les ressources qui guideraient mon cheminement. »[31]

Non seulement existe-t-il des écarts entre les cultures professionnelles, mais il y a également une barrière linguistique. Le jargon militaire peut être difficile à comprendre pour ceux qui n'y sont pas habitués. De plus, les acronymes et les sigles sont fréquents dans le jargon militaire. Si cela vous arrive, n'hésitez pas à demander à vos clients militaires de les traduire en des mots simples et non militaires. Il se peut que certains éprouvent de la difficulté au début, mais il s'agit d'une étape essentielle à la transition. Il est possible également que leur curriculum vitæ ait besoin d'être « démilitarisé ». (Vous trouverez plus de détails à ce sujet au prochain chapitre.)

Notre tâche est d'aider nos clients à ajuster leur façon de penser afin qu'ils puissent décrire clairement et avec assurance de quelle façon la culture militaire leur permettra de contribuer sérieusement à n'importe quelle organisation.

Difficulté à formuler et à convertir les compétences

Le côté pratico-pratique du transfert de compétences militaires dans la langue civile, et l'utilisation de cette information en vue de créer des curriculum vitæ et des lettres d'accompagnement intéressants et compétitifs constituent un autre aspect de la transition où les intervenants en développement de carrière peuvent aider les anciens militaires. Commencez par poser des questions simples :

• Quelles compétences avez-vous utilisées
  pour réaliser ce travail?
• Que deviez-vous accomplir afin de réussir une mission?

Après plusieurs années dans les FAC, les clients éprouvent parfois de la difficulté à prendre le recul nécessaire pour réaliser et décrire ce qu'ils ont accompli de façon objective. Lorsque cela se produit, nous pouvons leur demander de nous décrire une journée de travail typique, en demandant des précisions, au besoin. Tout en les écoutant, nous prenons des notes afin de nous remémorer les compétences pertinentes énoncées. Lorsque nous travaillons avec d'anciens militaires, surtout ceux dont les rôles sont très différents de leurs équivalents civils, ce processus « d'extraction d'information » est essentiel. Un autre vétéran interrogé en 2014 pour le rapport du CERIC a déclaré :

« La rédaction d'un curriculum vitæ est un concept étranger aux militaires. C'est l'employeur ou le gestionnaire qui plaide en faveur de la promotion de l'employé. On enseigne aux vétérans la modestie – (ils) ne comprennent pas le besoin ni l'importance de vanter leurs réalisations... Un certain encadrement et une certaine orientation à cet égard seraient utiles. »

Sortez donc ces cartes de tri. Les jeux de cartes fonctionnent particulièrement bien avec les clients qui préfèrent exécuter que parler. La méthode du tri des compétences peut aider les clients à prendre conscience de ce qu'ils ont accompli, de ce qu'ils veulent continuer à accomplir, ou de ce qu'ils ont besoin de perfectionner.

Parfois, si le client vient de vivre une expérience de travail difficile, il se peut qu'il se sente incertain de ses compétences. Peut-être a-t-il été mis à pied ou cherche-t-il un emploi depuis un certain temps sans grand succès. À ce stade, il commence à douter de ses capacités. Dans le cas contraire, si un client revient d'une situation de combat, il est très probable que ses valeurs aient changé[32]. Dans ces situations, il serait probablement plus efficace d'utiliser les cartes de valeurs que de commencer avec les exercices de reconnaissance des compétences.

Les valeurs sont comme les fondations d'une maison. Elles nous en disent beaucoup sur le client. Regardez-le et soyez attentif à la façon dont il manipule les cartes. Demandez-lui ensuite de classer les cartes selon un thème. D'après votre connaissance du client, vous pouvez l'interroger sur le classement de ses cartes, mais vous voulez surtout avoir une idée de sa façon de penser. Ces connaissances nous permettent de mieux l'aider. Finalement, demandez-lui de choisir les 10 à 12 valeurs qu'il aimerait retrouver au cours de la prochaine étape de leur vie. Ce processus peut être extrêmement révélateur – pour lui et pour nous.

Que vous commenciez par des exercices de compétences ou de valeurs, ce simple exercice (ou tout autre exercice d'autoévaluation) aidera l'ancien militaire à réaliser son potentiel et à établir les principes de base qui guideront ses choix.

Mythes et perceptions erronées de la population civile

Les mythes liés à la guerre et au combat abondent. La vie de soldat – le travail, l'entraînement, les expériences et les récits militaires – rend parfois les gens nerveux.

Certains employeurs admettent que de voir sur un curriculum vitæ qu'un candidat a servi en Afghanistan ou en Iraq les fait hésiter. Souffre-t-elle d'un état de stress post-traumatique? Exigera-t-il toutes sortes de mesures d'adaptation au travail? Va-t-elle miner les ressources de l'organisation? Certains employeurs hésitent à embaucher des vétérans ou des militaires revenant d'une mission, car ils craignent qu'ils soient rappelés.

Personne ne dirait que les employeurs n'ont pas l'obligation d'embaucher les meilleurs candidats afin de répondre aux besoins en main-d'œuvre de leur organisation. Par contre, selon le conseiller en gestion Robert W. Goldfarb, « ils doivent également évaluer chaque vétéran en tant qu'individu, plutôt qu'en tant que personne susceptible de ramener des séquelles indésirables de la guerre. »[33]

Cependant, les suppositions et les perceptions erronées persistent et influencent les attitudes, les croyances et même les pratiques d'embauche. Un vétéran avec lequel j'ai discuté a déclaré que lui et ses pairs préféraient souvent ne pas parler de leur carrière militaire sauf à ceux qui avaient vécu la même chose.

De quelle façon nos clients peuvent-ils mettre à profit leur vaste expérience militaire sans rendre les gens nerveux? Et pendant qu'on en parle, qu'arrive-t-il lorsqu'un vétéran n'a plus accès à un réseau de gens partageant le même passé? À qui les vétérans parlent-ils de leur vie d'autrefois? Ces questions mettent en évidence le besoin de représentation, de sensibilisation et de réseautage entre vétérans.

Représentation

Anciens Combattants Canada, les FAC, la Compagnie Canada et d'autres organismes reconnaissent que la conscientisation des employeurs à propos des avantages d'embaucher d'anciens militaires est un élément primordial de leur mission.

Sensibilisation

Chaque année, le premier dimanche de juin, nous célébrons au Canada la journée des FAC. Il est généralement plus facile de trouver des partenariats et du soutien communautaires dans les régions où il existe une grande présence militaire. Dans les grands centres urbains, la présence des FAC est diluée. Les événements et les activités liés au jour du Souvenir continuent d'être un moyen important de sensibiliser la population civile sur les sacrifices des militaires et des vétérans.

Nous pouvons minimiser les perceptions erronées ayant un impact négatif sur les pratiques d'embauche en traitant les vétérans en tant qu'individu, en poursuivant les activités de sensibilisation et en offrant des services de représentation.

Méconnaissance des équivalents civils

Si l'ancien militaire n'a fait aucune planification avant sa transition, n'a demandé aucune aide d'un conseiller en transition, et, qu'en plus, son ancien métier militaire ne correspond à aucun emploi civil, vous comprendrez pourquoi cette situation peut mener au découragement, au chômage, ou au sous-emploi.

La cliente décrite dans le scénario fictif au début du livre (consultez la **page 19**) est une artilleuse. Ces soldats sont chargés de mener des activités de surveillance, de repérer des objectifs et de transmettre les renseignements au poste de commandement. De quelle façon aiderez-vous donc cette cliente à trouver du travail? Quel emploi civil cette personne pourrait-elle exercer?

À ce stade, il existe plusieurs ressources qui pourraient vous être utiles, particulièrement :

- le tableau des CAF sur les Groupes professionnels militaires et professions civiles connexes (consultez la page Web http://www.forces.gc.ca/fr/affaires-appui-reservistes/outils-professions.page);

- le tableau sur l'Équivalence des métiers militaires en métiers civils (consultez l'annexe 1);

- le Veterans and Military Occupations Finder (VMOF), une liste des métiers militaires américains actuels ainsi que leurs équivalents civils et leurs codes Holland;[34]

- la page Web « Employeurs intéressés à embaucher des vétérans », du site Internet d'ACC comporte des hyperliens vers un grand nombre de métiers militaires et le résumé de leurs responsabilités (consultez http://www.veterans.gc.ca/fra/services/emplois/businesses-hiring-veterans). Survolez toutes les descriptions d'emploi des FAC ici : http://www.forces.ca/fr/jobexplorer/emplois-70.

En parcourant le tableau des professions militaires et de leurs équivalents civils, ou encore les descriptions d'emploi des FAC, vous remarquerez que l'équivalent de la profession d'artilleur comprend, entre autres, opérateur de réseau informatique ou conducteur de semi-remorque/machinerie lourde.

Un opérateur d'ordinateur? Un conducteur de semi-remorque? Comment l'utilisation d'une arme peut-elle correspondre à ces métiers?

Demandez-le-lui! Vous avez bien compris. Demandez au client de vous décrire son travail. Une recommandation de la documentation encourage les intervenants en développement de carrière à établir une relation ouverte et honnête avec leurs clients vétérans. Nous devrions tirer avantage de leurs connaissances.[35]

L'opération d'un obusier exige un travail d'équipe de sept personnes sur différentes composantes en vue de combiner l'information provenant d'observateurs avancés. Notre artilleur « utilise des ordinateurs techniquement avancés du poste de commandement, des télémètres laser et des ordinateurs de conduite du tir »[36] En d'autres mots, il s'agit d'un travail très technique : la saisie de données dans l'équipement, la localisation des cibles, le tir de l'arme, etc. Grâce à ces renseignements, vous pouvez maintenant comprendre que le métier d'opérateur informatique est un choix logique.

Que se passe-t-il si notre ancienne artilleuse ne souhaite nulle-ment devenir conductrice ni opératrice informatique?

C'est à ce moment que nous nous tournons vers une autre ressource : le Guichet-Emplois du gouvernement du Canada [www.guichetemplois.gc.ca]. Inscrivez « artilleur » sur la page Web du Guichet-Emplois et vous découvrirez une liste des carrières connexes. Cette liste comprend des emplois au sein des services correctionnels et de protection, des domaines qui intéresseront probablement davantage notre cliente. Nous pouvons également utiliser le VMOF qui, pour le métier d'ar-tilleur, nous donne le code Holland à deux lettres RI. Ce code offre un large éventail de débouchés liés aux types Réaliste (R) et Enquêteur (I). Génial, n'est-ce pas!

Les études ont démontré la prédominance des types Réaliste, Enquêteur, Entrepreneur, et Social dans les professions et les personnalités militaires. Nous incitons les intervenants en développement de carrière à se familiariser avec les tendances du marché de l'emploi pour ces types afin d'être armés de renseignements lorsqu'un vétéran se présentera à votre porte.[37]

Méconnaissance des services offerts

Bien qu'il existe une abondance de services offerts aux vétérans des FAC, la plupart des vétérans interrogés aux fins de ce projet ne les connaissaient pas. Un aperçu de la documentation américaine de 2000 à 2013 appuie cette observation.[38] Les vétérans ont déclaré avoir peu d'information au sujet :

- des services et du soutien à leur disposition;

- de la transférabilité des compétences;

- de la conversion des aptitudes militaires
  en professions civiles;

- des prestations éducatives.

Incitez les militaires en transition à visiter leur bureau d'ACC (consulter www.veterans.gc.ca pour trouver un bureau). Un guide sur les prestations offertes aux militaires, aux familles et aux vétérans des FAC est accessible en ligne pour vous aider. De plus, le site Web d'ACC propose des hyperliens vers des fournisseurs approuvés de services non militaires qui pourraient vous être utiles.

✳ ✳ ✳

Voilà qui termine le portrait d'ensemble de la section Emploi et employabilité. Maintenant, il est temps de passer aux choses sérieuses et de voir ce que l'on peut faire pour aider notre cliente fictive à combler ses besoins en matière d'emploi.

PRINCIPAUX ÉLÉMENTS D'APPRENTISSAGE

★ Les FAC inculquent aux militaires un grand nombre de compétences utiles aux employeurs civils.

★ Les perceptions erronées au sujet des militaires ont des répercussions sur les attitudes, les croyances et même les pratiques d'embauche civiles.

★ Des ressources sont offertes pour déterminer les équivalents civils des emplois militaires.

★ Les militaires des FAC ne sont pas toujours informés des services à leur disposition pour les aider à effectuer une transition vers la vie civile.

LES COUPS DE CŒUR D'YVONNE :

Le **Guichet-Emplois du gouvernement du Canada** *comprend une liste de vérification des compétences et des connaissances, où les chercheurs d'emploi peuvent définir leurs compétences parmi dix catégories et leurs connaissances parmi neuf catégories. L'information produit un profil des habiletés et des connaissances qui propose les professions connexes, les habiletés correspondantes et les connaissances requises. En cliquant sur une profession, vous pouvez consulter tous les emplois affichés en ce moment dans chaque région.*

Le **Veterans and Military Occupations Finder (VMOF)** *est une ressource américaine qui peut malgré tout aider les intervenants en développement de carrière. L'identifiant Holland à deux lettres est particulièrement utile pour générer des choix de carrières supplémentaires. Soyez conscient que les professions militaires américaines ne correspondent pas nécessairement à celles des FAC.*

« La transition d'une occupation militaire vers un emploi civil est une affaire de décisions. » [traduction libre]

—Dick Gaither,
Military Transition Management[39]

« Un nouveau chapitre »

Nathalie s'est enrôlée dans les FAC tout de suite après son secondaire. Pour quelle raison s'est-elle enrôlée? « Un sens du devoir, l'envie de servir mon pays [et] un goût de l'aventure. » De plus, la vie dans une petite ville des Prairies n'offrait pas beaucoup de possibilités d'emplois rémunérateurs à temps plein.

Elle a passé ses 14 ans de service militaire dans la Force régulière. Elle a commencé en tant que militaire du rang, exerçant la fonction de commis d'administration durant les cinq premières années, au grade de soldat et ensuite au grade de caporal. Les neuf années suivantes, elle a travaillé comme officier de la logistique. À sa libération, elle avait atteint le grade de capitaine.

Elle a décidé de quitter les FAC principalement pour des raisons familiales. Son conjoint, « un vétéran cumulant 20 ans de service, a été libéré pour des raisons médicales après avoir reçu un diagnostic de traumatisme crânien inopérable alors qu'il servait en Afghanistan. Après sa libération, il a trouvé du travail à Toronto ».

Nathalie explique : « Afin de préserver l'unité de notre famille et notre stabilité financière, nous avons décidé de déménager à Toronto. Ma libération a permis à notre famille de rester ensemble. [De plus,] j'étais à la recherche de nouveaux défis à l'extérieur des FAC pour que nous puissions entreprendre un nouveau chapitre de nos vies ».

Lorsqu'on lui demande ce qui lui manque le plus, elle dresse une longue liste : la routine, la camaraderie, la confiance que ses supérieurs avaient en ses aptitudes à régler n'importe quel problème, le fait d'être la personne-ressource par excellence. « La possibilité de donner mon avis, [et] de guider et de conseiller les militaires de mon équipe me manque. »

Son commentaire suivant m'a fait rire. « Je m'ennuie aussi des bottes de combat que je portais tous les jours; les talons hauts font vraiment mal aux pieds! »

Pour Nathalie, la transition vers le monde civil s'est d'abord avérée une source de stress et d'anxiété. « J'ai quitté l'armée sans même avoir rédigé un curriculum vitæ. J'avais des idées préconçues sur le marché du travail civil et la facilité que j'aurais à y retourner, surtout à Toronto. Bien que j'aie accumulé 14 ans d'expérience reconnue, j'ai eu besoin de prendre du recul, de prendre le temps d'ajuster mon vocabulaire afin de pouvoir décrire dans le langage civil ce que j'ai fait, ce que cela signifiait pour leur organisation et en quoi j'apportais une valeur ajoutée à leur entreprise. »

Le réseautage est également important. « Mon réseau étant limité au début, il m'a été difficile d'entrer en contact avec les entreprises aussi rapidement que je l'avais espéré. »

Donc, quel a été le moment décisif?

« Le moment décisif pour moi a eu lieu lorsque j'ai trouvé un conseiller qui m'a vraiment poussée, a été complètement franc avec moi à propos de ce que je devais faire et m'a conseillée à chaque étape de ma transition. »

Autre chose?

« La Compagnie Canada m'a été extrêmement utile. Elle m'a permis de faire le lien entre la carrière militaire et civile en m'aidant à rencontrer des gens qui appuient les vétérans, à rédiger mon curriculum vitæ et en m'offrant une rétroaction afin de me forcer à cibler mes compétences et les secteurs d'emploi à considérer. »

Quel aspect du processus s'est avéré le plus difficile pour Nathalie?

« Le plus difficile a été de me transformer en vendeuse afin de promouvoir efficacement mes compétences, sans les sous-évaluer. »

Nathalie en est venue à réaliser qu'il existe de « nombreuses ressemblances entre le milieu militaire et plusieurs grandes organisations, comme les défis liés à la culture, la hiérarchie, l'exigence d'offrir du soutien. »

Elle prend conscience des nombreuses compétences et attributs acquis au cours de son service qui peuvent servir dans le marché de l'emploi civil. « Notre aptitude à penser rapidement, à diriger, à communiquer efficacement, à établir des priorités et à gérer des situations stressantes. »

Je lui ai demandé quel conseil elle donnerait à un militaire des FAC qui se prépare à faire la transition vers une vie civile. Voici sa réponse (avec les points importants en caractère gras) :

« Prenez le temps de faire beaucoup de **recherches**. Décidez du secteur d'emploi que vous recherchez, des compétences dont vous aurez besoin, et ayez en main des exemples concrets de vos réalisations afin d'aider vos employeurs potentiels à déterminer de quelle façon vous serez utile à l'organisation. »

« Par exemple, pensez à des exemples de **situations STAR** (décrivez la Situation, puis dressez une liste des Tâches demandées, des Actions prises et des Résultats atteints) qui vous aideront ET aideront votre employeur à reconnaître vos compétences. Cela vous permettra également d'accroître votre confiance en vos capacités et d'afficher cette confiance lorsque vous rencontrerez des gens. »

« Tentez de **démilitariser** votre façon de parler et de communiquer. Le jargon n'est pertinent qu'à ceux de l'organisation concernée et constitue plutôt un obstacle lorsque vous essayez de prouver aux autres que vous faites partie de leur organisation. »

« Commencez à **réseauter** bien avant de prendre la décision de quitter l'armée. Sortez prendre un café avec des gens afin d'en apprendre davantage sur eux et sur leur travail; n'essayez pas de trouver un emploi tout de suite, mais prenez le temps d'élargir votre réseau, puisqu'il sera utile lorsque vous serez prêt à trouver un emploi rémunérateur. Discutez avec des gens qui ont déjà fait la transition vers le monde civil, entrez en contact avec des entreprises comme la Compagnie Canada, qui vient en aide aux gens en transition. Elles offrent une abondance de connaissances et d'information et seront en mesure de vous guider dans la bonne direction. »

« Finalement, établissez un échéancier **réaliste**. Veillez à bien estimer le temps requis à chaque étape et à déterminer les moyens pour atteindre votre but avant de faire le saut. La situation sera ainsi moins stressante lorsque viendra le temps de quitter l'uniforme. »

Au moment de la rédaction, Nathalie en est encore à déterminer les organisations du secteur privé qui lui conviennent le mieux. Elle prend le temps de mettre en pratique les étapes de la transition – réseautage, recherche, mise à jour de sa formation et perfectionnement de ses compétences.

CHAPITRE 4

Emploi et employabilité : outils, services et emplois

+ Un appel aux « mécaniciens » professionnels.

+ L'aide au placement demandé par les vétérans.

+ Fournir les outils aux clients militaires en recherche d'emploi civil : établir les compétences transférables, démilitariser les curriculum vitæ, se préparer en vue des entrevues.

+ Quels sont les emplois? Relever les possibilités d'emploi.

+ Des suggestions à l'intention des intervenants en développement de carrière sur la prestation de services individuels efficaces.

+ Des éléments particuliers à prendre en considération quant aux réservistes.

Richard N. Bolles, auteur du guide du chercheur d'emploi *What Color Is Your Parachute?*, soutient hors de tout doute que le besoin le plus important des vétérans est de trouver un emploi.[40] Il demande qu'il y ait davantage d'intervenants en développement de carrière qui s'y connaissent en « mécanismes de développement professionnel » (conseils étape par étape) afin de mener cette étape importante de soutien auprès de nos vétérans.

Les mécaniciens réparent ce qui ne fonctionne pas ou pas très bien. Alors de quelle façon pouvons-nous, en tant qu'intervenants en développement de carrière, utiliser nos compétences en « mécanique » pour aider nos clients vétérans? Qu'est-ce que les vétérans attendent de nous?

Aux fins de ce projet, nous avons posé la question aux vétérans. Voici ce qu'ils nous ont révélé :

1. Des programmes comme ceux offerts par la Compagnie Canada;
2. L'accès aux employeurs;
3. Des banques d'emplois;
4. Des salons de l'emploi ou de recrutement;
5. Des forums de réseautage en ligne;
6. L'évaluation de mes habiletés et la manière de cibler mes recherches;
7. De l'aide dans la rédaction du curriculum vitæ;
8. Des exemples de curriculum vitæ;
9. Un diagramme indiquant le processus et où je me situe dans ce processus;
10. Une liste des compétences;
11. Des équivalents civils;

12. Un questionnaire en ligne pour aider les
    vétérans à déterminer leurs besoins et
    des liens vers les services offerts;
13. Un encadrement individuel;
14. Des outils en ligne;
15. Une liste des ressources destinées aux vétérans;
16. Des ateliers de préparation à une seconde carrière;
17. L'intégration des ressources actuelles;
18. De l'aide dans la recherche d'emploi;
19. Des webinaires;
20. Les leçons retenues de ceux qui ont réussi
    leur transition vers le milieu civil;
21. La délivrance de titres et de certificats;
22. « Quelqu'un qui me guidera tout au long
    du processus, » en d'autres mots, des
    services individuels et personnalisés.

Toute une liste, n'est-ce pas? Les demandes des répondants
en matière d'aide à l'emploi correspondent aux constatations
et aux recommandations de la recherche. Comparez la liste
ci-dessus à celle-ci :

1. Information et outils sur la recherche
   d'emploi spécialement pour les vétérans;
2. Information sur les équivalences entre
   les emplois civils et militaires;
3. Intervenants en développement de carrière dédiés à
   aider les vétérans dans leur recherche d'emploi;
4. Des moyens de surmonter les obstacles à l'emploi;
5. Rédaction de curriculum vitæ civils; liste des services
   d'encadrement et de rédaction professionnels;

6. Des salons de l'emploi et l'accès aux offres d'emploi;
7. La traduction des compétences et des professions militaires dans la langue de travail civil;
8. Des outils d'évaluation des compétences transférables;
9. Des ressources virtuelles et sur papier;
10. Les tendances des professions pour lesquelles les anciens soldats sont déjà formés;
11. Des expériences personnelles d'employeurs.

Outiller votre client pour le processus de recherche d'emploi

Dans cette section, nous examinerons quelques-uns des outils dont nos clients vétérans auront besoin pour trouver un emploi : les compétences, un curriculum vitæ efficace, des possibilités d'emploi et une préparation à l'entrevue.

Compétences transférables[41]

Au cours de cette étape de préparation à la recherche d'emploi, nous croyons qu'il est important d'évaluer les compétences du client militaire en transition – un élément essentiel du processus « d'outillage. » Pour l'artilleuse de notre scénario fictif (consulter l'introduction à la **page 19**), il est probablement difficile de déterminer quelles compétences sont pertinentes au type de travail civil désiré. Demandez à votre client de remplir une liste de vérification des compétences transférables, ou utilisez votre exercice préféré d'évaluation des compétences. De cette façon, vous vous assurerez que non seulement il connaît ses capacités, mais qu'il sera aussi en mesure de formuler et de démontrer ses compétences lors d'une entrevue d'emploi (davantage d'information à ce sujet dans un chapitre ultérieur). N'oubliez pas que les FAC offrent une excellente formation permettant d'acquérir des compétences transférables au milieu de travail civil dans les aspects suivants :

- **Technique** : compétences acquises d'un métier.

- **Qualités de chef** : aptitude à diriger, à mener, à guider et à conseiller.

- **Relations interpersonnelles** : travail en équipe.

Les vétérans démontrent également ces qualités appréciées : responsabilité, fiabilité et une attitude tournée vers l'« action. »

Le curriculum vitæ : de « militarisé » à « démilitarisé »

Voyons à quoi ressemble un curriculum vitæ militarisé et comment l'améliorer. L'exemple des **pages 96-98** est le curriculum vitæ d'un véritable vétéran des FAC. Voici quelques problèmes et aspects à améliorer :

- **Aucun objectif professionnel** : les curriculum vitæ doivent clairement décrire le type de travail recherché ou les compétences offertes par le candidat.

- **Utilisation d'acronymes ou du jargon militaire** : que signifie FIOE? Superviseur de veille de l'unité 4? Maître de 1re classe?

- **Renseignements manquants** : où a-t-il travaillé? Il manque les lieux de travail de certains postes.

- **Formatage** : l'utilisation des polices et la mise en page laissent à désirer.

Pour l'essentiel, ce curriculum vitæ présente les réalisations de Jean Untel, mais ne fait pas ressortir les éléments de son expérience qu'il aimerait mettre à profit dans ses emplois futurs.

Comparez maintenant ce curriculum vitæ à la version révisée des **pages 99-101**. Voyez-vous de quelle façon les problèmes énumérés ci-dessus ont été résolus? Quelles autres améliorations remarquez-vous?

Relativement au curriculum vitæ, l'éducateur et auteur Randall Hansen offre aux chercheurs d'emploi militaires les conseils suivants :[42]

- Clarifiez votre objectif d'emploi.
- Ciblez le curriculum vitæ afin qu'il réponde aux besoins de l'employeur.
- N'inscrivez aucun détail relatif au combat.
- Présumez que votre lecteur est totalement ignorant de la réalité militaire.
- Démontrez les compétences acquises au cours de votre service militaire (technique, qualités de chef, résolution de problème, relations interpersonnelles, etc.).
- Mettez l'accent sur les valeurs de base, les réalisations et les principaux domaines d'expertise.
- Sollicitez des commentaires sur l'ébauche de votre curriculum vitæ et faites les corrections en conséquence.

L'ajout d'une section de mots clés ou d'un résumé des compétences permettrait de souligner les domaines d'expertise. De cette façon, si un gestionnaire d'embauche effectue une recherche dans sa base de données de candidatures, ce candidat apparaîtrait dans la liste des candidats qualifiés potentiels.

Une autre bonne pratique est de cibler le vocabulaire du curriculum vitæ afin de démontrer clairement les compétences, l'expérience, les études ou les attestations recherchées par l'employeur.

Exemple concret : j'ai déjà vécu une situation où un membre du personnel avait quitté son emploi au cours d'une période particulièrement occupée au sein de notre service. J'avais besoin d'afficher et de pourvoir le poste très rapidement. Le lendemain de la date limite de réception des candidatures, j'ai jeté un coup d'œil à la liste des candidats et découvert 400 curriculum vitæ uniquement pour ce poste. Personne, moi y compris, ne veut ni n'a le temps d'accomplir une tâche de cette envergure. J'ai donc utilisé une série de filtres afin d'extraire seulement les curriculum vitæ répondant à toutes les exigences de l'emploi.

Finalement, les candidats doivent être en mesure de démontrer qu'ils utilisent et connaissent les médias sociaux. Dans l'exemple du curriculum vitæ révisé, remarquez l'ajout du lien direct vers le profil LinkedIn de Jean.

Ce sont des exemples de conseils simples mais importants que les intervenants en développement de carrière peuvent offrir aux militaires en transition afin que leur curriculum vitæ soit prêt pour le milieu de travail civil.[43]

Possibilités d'emploi

Les services suivants sont offerts aux militaires et aux vétérans en transition : formation professionnelle, liens vers des d'employeurs qui appuient les militaires, réseaux

Exemple de curriculum vitae, militarisé

JEAN UNTEL

124 xxxxxxxxxx, Hamilton, ON L8K 2V4 905-XXX-XXXX   xxxxx@hotmail.com

EXPÉRIENCE PROFESSIONNELLE

IEC Electric   **septembre 2014 à février 2015**

Technicien en fabrication de ferme solaire
(par l'entremise de la FIOE, section locale)

Travaillé en équipe afin de veiller à l'installation adéquate du câblage électrique sur le site d'une ferme solaire de 1000 acres. Motivé les membres de l'équipe dans des conditions météorologiques difficiles.

Exécuté des fonctions de coordonnateur en conditionnement physique et effectué les étirements du matin avant de s'engager dans les champs.

Agi en tant que secouriste opérationnel auprès des membres de l'équipe, au besoin. Atteint les objectifs quotidiens et les objectifs de l'entreprise. Récemment sollicité pour superviser 12 nouveaux employés en formation. Assumé des fonctions de conducteur d'autobus pour l'équipe, comme demandé par le contremaître, afin d'assurer la sécurité des arrivées et des départs des zones de construction.

H.B. White Electric   **février 2014 à juin 2014**
Technicien en fabrication de fermes solaires
(par l'entremise de la FIOE, section locale)
Travaillé en équipe afin de construire une ferme solaire de 100 acres de A à Z et dans des conditions météorologiques parfois extrêmes. Résolu des problèmes techniques et établi à l'avance des tâches prioritaires de façon à atteindre les objectifs quotidiens et hebdomadaires.

Black and McDonald Electric   **décembre 2012 à février 2013**
(par l'entremise de la FIOE, section locale 105)
Employé avec permis au sein du syndicat. Assigné à l'équipe d'AQ/CQ rapidement. Mes collègues de travail et plusieurs contremaîtres ont souvent commenté et complimenté mon éthique du travail.

Centre de recrutement des FAC   **octobre 2001 à septembre 2012**
Hamilton

Recruteur
Supervisé, évalué et produit des rapports d'appréciation du rendement de neuf recruteurs répartis dans leurs propres zones géographiques de responsabilité du sud de l'Ontario. Créé des horaires de travail, et communiqué de la rétroaction positive ainsi que des mesures disciplinaires, au besoin.

Exemple de curriculum vitae, militarisé

JEAN UNTEL

124 xxxxxxxxxx, Hamilton, ON L8K 2V4 905-XXX-XXXX   xxxxx@hotmail.com

Communiqué des renseignements sur tous les aspects des Forces armées lors d'entrevues de candidats potentiels à l'enrôlement. Produit et présenté des renseignements d'actualité dans des écoles, des salons de l'emploi, etc.

Plus de 450 présentations faites à ce jour. Tenu des dossiers confidentiels du personnel au cours du processus de recrutement afin de les enrôler dans les Forces armées. Effectuéla vérification téléphonique des références des candidats des Forces armées. Participé à de nombreuses conférences, ateliers et événements communautaires d'un bout à l'autre du Canada pour des séances d'appoint ou de remue-méninge en vue d'améliorer le processus de recrutement pour les candidats des FAC.

Groupe des sciences environnementales   **février 1993 à juillet 2001**
Collège militaire royal du Canada
Coordonnateur des achats et de la logistique
Recherché, planifié, organisé et déployé plusieurs équipes de recherche sur le terrain dans des emplacements situés partout au Canada, particulièrement dans les régions éloignées de l'Arctique et les déploiements de navires de recherche. Supervisé le « Centre des opérations » et approvisionné en équipement, vols, vols nolisés, hébergement, avances de fonds et réclamation plusieurs équipes scientifiques sur le terrain. Effectué tous les achats d'équipement pour les bureaux personnels et les groupes de recherche à l'Université de la Colombie-Britannique ainsi qu'au département de l'Université Queen's à Kingston, en Ontario.

Maintenu les stocks et effectué la comptabilité d'une entreprise de plusieurs millions de dollars. Connaissance approfondie de MS Excel, MS Word, MS Access et MS PowerPoint. Contribué aux programmes d'échantillonnage dans des régions éloignées, sur terre et en mer. Chef d'équipe des levés marins.

Réserve de la Marine royale du Canada   **juin 1983 à aujourd'hui**
Diverses unités partout au Canada
Manœuvrier – Maître de 1re classe
Superviseur de veille de l'unité 4 de défense portuaire. Mené des exercices partout au pays comprenant du personnel de 24 unités. Mené des exercices militaires et de matelotage, qualifié en tant qu'officier de sécurité du tir, capitaine d'armes des petites embarcations, officier marinier à bord, responsable en cas d'incendie, chef de l'équipe de sauvetage, membre de l'équipe d'intervention en cas de déversement, superviseur de la routine et des manœuvres quotidiennes à bord du navire. Gestionnaire et vice-président du bar du mess des maîtres et des premiers maîtres (bénévole).

Exemple de curriculum vitae, militarisé

JEAN UNTEL

124 xxxxxxxxxx, Hamilton, ON L8K 2V4 905-XXX-XXXX   xxxxx@hotmail.com

Collège Mohawk d'arts appliqués et de technologie. Hamilton (Ontario)
Loi et sécurité, Affaires générales   septembre 1983 à avril 1986

PERFECTIONNEMENT PROFESSIONNEL
* Instructeur d'opérations militaires sur le terrain et en salle de classe
* Secourisme élémentaire et RCR de l'Ambulance Saint-Jean
* Responsable de la sécurité incendie pour les immeubles de bureaux et les entrepôts
* Officier marinier de l'année, NCSM Cataraqui, Kingston (Ontario)
* Attestation de conduite préventive et en marche arrière
* Conducteur de bateau de secours, régates, spectacles aériens, tactiques de recherche et sauvetage
* Certificat restreint d'opérateur radio
* Attestation du programme de formation en ventes professionnelles – Salesforce Training & Consulting inc.
* Attestation d'officier supérieur
* Décoration canadienne pour service rendu, 2e agrafe

Exemple de curriculum vitae, démilitarisé

JEAN UNTEL

905-XXX-XXXX   xxxxxx@hotmail.com   ca.linkedin.com/pub/jean-xxxxx/2x/4xx/XXa

PROFIL

Grâce à mon éminente carrière au sein des Forces armées canadiennes, je transforme les entreprises en tirant profit de mes compétences en planification opérationnelle, en leadership d'équipe, en formation à la résolution de conflits et en encadrement de personnel.

EXPÉRIENCE PROFESSIONNELLE

IEC Electric, Cayuga (Ontario)   2014 – 2015
Technicien en fabrication de fermes solaires

- **Rehaussé le moral** et stimulé la motivation d'une équipe de plus de 10 personnes dans des conditions météorologiques difficiles.
- Installé des câblages électriques, au sein d'une équipe de 20 personnes, sur le site d'une ferme solaire de 1000 acres.
- Rempli les fonctions de coordonnateur en conditionnement physique et de secouriste opérationnel auprès des membres de l'équipe.
- Été sélectionné pour superviser 12 nouveaux employés en formation.
- Été choisi par le contremaître à titre de conducteur d'autobus pour conduire l'équipe aux chantiers de construction.

H. B. White Electric, Welland (Ontario)   2014
Technicien en fabrication de fermes solaires

- **Surpassé les objectifs quotidiens** et les objectifs de l'entreprise de 2 % grâce à la résolution de problèmes techniques et l'établissement des priorités.
- Construit une ferme solaire de 100 acres de A à Z, avec une équipe de 15 personnes, dans des conditions météorologiques défavorables.

Black and McDonald Electric, Hagersville (Ontario)   2012 – 2013
Technicien en fabrication de fermes solaires

- Promu rapidement à l'équipe d'assurance et du contrôle de la qualité.
- Complimenté par des collègues de travail et trois contremaîtres pour mon éthique de travail solide.

Centre de recrutement des Forces armées canadiennes, Hamilton (Ontario)   2001 – 2012
Recruteur

- Supervisé et évalué neuf recruteurs de l'Ontario, et produit des rapports d'appréciation du rendement. Amélioré le rendement du personnel grâce à une rétroaction positive.
- Effectué la promotion de plus de 100 possibilités de carrières et mené des entrevues de candidats potentiels à l'enrôlement.
- Rehaussé la réputation et l'image des Forces armées canadiennes en élaborant et en effectuant plus de 450 présentations à des écoles et des salons de l'emploi.

Exemple de curriculum vitae, démilitarisé

JEAN UNTEL

905-XXX-XXXX   xxxxxx@hotmail.com   ca.linkedin.com/pub/jean-xxxxx/2x/4xx/XXa

EXPÉRIENCE PROFESSIONNELLE (suite)

Groupe des sciences environnementales   1993 – 2001
Collège militaire royal du Canada
Coordonnateur des achats et de la logistique

- Chef d'équipe des levés marins. Organisé deux équipes sur le terrain dans des emplacements situés partout au Canada, particulièrement en Arctique, à des fins de déploiements de navires de recherche.
- Supervisé un « Centre des opérations » et planifié l'équipement, les vols, les vols nolisés, l'hébergement, les avances de fonds et les réclamations. Maintenu des stocks d'une valeur de plus de 50 000 $ et la comptabilité d'une entreprise de plusieurs millions de dollars.

Réserve de la Marine royale du Canada   1983 à aujourd'hui
Diverses unités partout au Canada
Officier marinier

- Supervisé des opérations de défense portuaire partout au pays en collaboration avec du personnel de 24 ministères.
- Mené des activités quotidiennes à bord d'un navire : exercice militaire et matelotage, qualifié en tant qu'officier de sécurité du tir, responsable en cas d'incendie, chef d'équipe de sauvetage, membre de l'équipe environnementale.
- Gestionnaire du bar et vice-président du mess des maîtres et des premiers maîtres.

ÉTUDES

Diplôme, Collège Mohawk d'arts appliqués et de technologie, Hamilton (Ontario)
Concentration : Loi et sécurité, Affaires générales
MPC 3,5

PERFECTIONNEMENT PROFESSIONNEL ET ATTESTATIONS

- Cours de secourisme élémentaire et de RCR – Ambulance Saint-Jean
- Attestation d'officier d'environnement de l'unité – Forces canadiennes
- Responsable de la sécurité incendie pour les immeubles de bureaux et les entrepôts
- Attestation de conduite préventive
- Formation en conduite de bateau escorte, régates, spectacles aériens, tactiques de recherche et sauvetage
- Certificat restreint d'opérateur radio
- Certificat Smart Serve
- Attestation du programme de formation en ventes professionnelles – Salesforce Training & Consulting inc.
- Représentant en matière de sécurité et de santé – Forces canadiennes

Exemple de curriculum vitae, démilitarisé

JEAN UNTEL

905-XXX-XXXX   xxxxxx@hotmail.com   ca.linkedin.com/pub/jean-xxxxx/2x/4xx/XXa

RÉALISATIONS

- Officier marinier de l'année, NCSM Cataraqui, BFC Kingston (Ontario)
- Médaille pour services rendus au sein des Forces canadiennes
- Mention élogieuse du commandant pour l'organisation et la coordination des cérémonies du jour du Souvenir et le match de reconnaissance des Forces de la Ligue de football canadienne

Consultez mes recommandations sur LinkedIn au in.linkedin.ca_____ virtuels, subventions pour le perfectionnement professionnel, accès aux offres d'emploi, planification de la transition, aide à la rédaction de curriculum vitæ et à la recherche d'emploi. Certains de ces services sont à la disposition des militaires avant même qu'ils quittent les FAC, ce qui permet de commencer la planification à l'avance. Comme référence rapide, voici quelques services principalement axés sur les services d'emploi et de carrière.

Services de transition des FAC

Que vous ayez atteint l'âge de la retraite ou planifiez de quitter les FAC après une courte période de service, les Services de transition des FAC sont probablement la meilleure place pour obtenir de l'aide. Ces services sont offerts aux militaires de la Force régulière et de la Force de réserve, ainsi qu'aux survivants des membres des FAC. Ils informent les clients sur les avantages et les outils essentiels à la transition vers une vie et une carrière civiles. Toutes les bases et escadres des FAC offrent ces services par l'entremise de l'office de sélection du personnel (OSP).

- **Service de préparation à une seconde carrière** (SPSC) : Grâce à des séminaires, les militaires peuvent se renseigner sur les avantages et les services qui leur sont offerts, à eux et à leur famille, lorsqu'ils se préparent à quitter les FAC.

- **Ateliers de réorientation professionnelle** : Par l'entremise de l'OSP, les militaires en transition ont la possibilité d'assister à des ateliers portant sur la rédaction de curriculum vitæ, l'autoévaluation, la recherche d'emploi et les techniques d'entrevue.

- **Services d'orientation** offerts par l'OSP : Ces services incluent l'orientation professionnelle, l'évaluation professionnelle, la recherche de carrière et l'inventaire des intérêts.

Anciens Combattants Canada

L'organisme Anciens Combattants Canada (ACC) travaille en collaboration avec les FAC en vue d'offrir des programmes aux militaires désireux d'intégrer le marché de l'emploi civil après leur carrière militaire. Ils cherchent activement des possibilités de partenariat auprès d'employeurs du secteur privé afin de promouvoir l'embauche des vétérans.

Services de transition de carrière d'ACC : Dès le lendemain de la date de libération et pour une durée de deux ans, les militaires sont en droit de recevoir un remboursement pour des services rendus par des fournisseurs de service dans les catégories suivantes :

- Évaluation professionnelle;
- Test d'aptitude;
- Recherche d'emploi;
- Rédaction de curriculum vitæ;
- Techniques d'entrevue;
- Orientation professionnelle;
- Services d'un conseiller en recrutement.

Entrevues de transition : Des équipes de service dans tout le Canada collaborent avec les militaires avant leur libération afin d'anticiper leurs besoins et ceux de leurs familles. De plus, elles les conseillent et les aident à mettre en place le soutien dont ils ont besoin.

Aide professionnelle et en réadaptation : Outre l'aide médicale et psychosociale, les services professionnels aident les militaires à déterminer les carrières qui leur conviennent, leur apportent une certaine aide financière si une formation supplémentaire est nécessaire, et les aident dans leur recherche d'emploi.

Les **Services de transition des FAC** et **d'ACC** s'associent tous deux aux fournisseurs de services non militaires comme la Compagnie Canada, le programme Du régiment aux bâtiments et l'Opération Entrepreneur du prince de Galles (davantage de renseignements sur ces derniers ci-dessous) afin d'aider les militaires à trouver un emploi et une carrière civils. Grâce à ce programme, ils :

- peuvent promouvoir les compétences, aptitudes et attributs des militaires auprès des employeurs; et

- peuvent fournir de l'information sur les grades militaires, les descriptions de poste et (dans certains cas) des recommandations d'équivalents civils;

Loi sur l'embauche des anciens combattants (emplois au gouvernement fédéral)

Pour une période de cinq ans après la date de leur libération, les militaires des FAC libérés honorablement et qui ont servi au moins trois ans dans les FAC sont admissibles à postuler aux postes internes de la fonction publique fédérale.

Les militaires libérés pour des raisons médicales pourraient avoir droit au statut d'embauche prioritaire de type légal ou réglementaire. Le statut prioritaire peut être activé jusqu'à cinq ans suivant la date de libération et demeure en vigueur pour une période de cinq ans. Le militaire doit répondre à toutes les exigences du poste et obtenir une attestation certifiant qu'il est apte à retourner au travail.

Les militaires jugés par ACC comme ayant une blessure ou une maladie liée au service se voient accorder la priorité légale, le plus haut niveau de statut prioritaire.[44]

Programme d'aide à la transition de carrière de la Compagnie Canada
[www.canadacompany.ca]

En plus des Services de transition des FAC et d'ACC, le Programme d'aide à la transition de carrière (PAT) est un service hautement recommandé pour tout personnel militaire en transition avec qui vous travaillez. Le PAT est un partenariat entre la Compagnie Canada, les FAC et ACC. Non seulement offre-t-il des services d'aide à l'emploi aux militaires des FAC libérés honorablement, mais il le fait en collaboration avec des employeurs et d'autres fournisseurs de service.

Dès leur inscription, les militaires et les vétérans des FAC ont droit aux ressources suivantes :

- Un diagramme de recherche d'emploi qui permet aux chercheurs d'emploi de savoir où ils se situent dans leurs démarches et ce qu'il leur reste à faire.

- Des vidéos sur divers aspects du processus d'évaluation professionnelle et de recherche d'emploi. Le tout inclut des modèles de curriculum vitæ, de lettres d'accompagnement et de références; les grades militaires et leurs équivalents civils; des techniques d'entrevue et des conseils sur l'autopromotion; et de l'information sur LinkedIn.

- Plus de 165 employeurs qui appuient les militaires.

- Des offres d'emploi provenant directement des organisations.

- Des possibilités d'entrepreneuriat.

- L'accès au mentorat en direct – des professionnels des ressources humaines et des carrières qui se portent bénévoles pour aider les militaires à rédiger des curriculum vitæ et des lettres d'accompagnement, à passer des entrevues, ainsi qu'à trouver de l'information salariale et des emplois.

Les employeurs ont la chance d'en apprendre davantage sur les aspects suivants du milieu militaire :

- La culture et la structure militaires.

- Les grades militaires et leurs équivalents civils.

- Les professions militaires et leurs équivalents civils.

- Les compétences, attributs et aptitudes des militaires des FAC.

Le programme Forces@WORK [www.forcesatwork.ca/fr/] et
BaseToBusiness [www.vetyournexthire.com]
(en anglais seulement)

Ces deux programmes sont offerts par l'entremise du
programme Prospect Human Resources de l'Alberta. Le
programme Forces@WORK offre au personnel militaire en
transition les services suivants :

- Services de placement direct et de recherche
  d'emploi, et outils liés au marché du travail.

- Transfert des compétences, préparation de
  curriculum vitæ et techniques d'entrevue.

- Mesures de soutien pour le maintien en
  poste et la transition culturelle.

- Services d'aide personnalisés.

- Accès aux technologies d'assistance.

- Aide pour mieux comprendre les avantages liés
  à l'emploi qui sont offerts aux militaires.

Le programme BaseToBusiness offre aux employeurs des services de consultation afin de les aider à comprendre la culture
militaire, et ainsi mieux les préparer à offrir un environnement
de travail accueillant et adapté aux nouveaux embauchés.

Du régiment aux bâtiments
[www.helmetstohardhats.ca]

Ce programme est un partenariat qui a été conclu entre les syndicats des métiers de la construction, leurs associations et les intervenants gouvernementaux. Il est destiné à ceux qui désirent faire carrière dans l'industrie du bâtiment et de la construction.

- Offre la formation nécessaire afin d'obtenir le statut de compagnon d'apprentissage dans les métiers et les postes de gestionnaires de l'industrie de la construction et du bâtiment.

- Offre de l'aide à la rédaction de curriculum vitæ.

Opération Entrepreneur du prince de Galles
[www.princesoperationentrepreneur.ca/fr]

Exploité par les Œuvres de bienfaisance du prince de Galles au Canada, ce programme est dédié tout particulièrement aux militaires et aux vétérans en transition désireux de lancer leur propre entreprise. Le programme offre :

- des camps d'entraînement d'une semaine : les participants doivent déjà avoir une idée d'entreprise bien conçue. Ils recevront une formation dans les domaines de la planification des activités d'une entreprise, du marketing et de la comptabilité;

- des ateliers d'une journée : introduction à l'entrepreneuriat pour les militaires des FAC, les vétérans et leur conjoint;

- un mentorat et du financement grâce au programme Futurpreneur : jusqu'à 15 000 $ pour les participants admissibles de tous âges, et jusqu'à 30 000 $ de la Banque de développement du Canada, dans le cadre du programme visant à tripler le montant pour les participants admissibles de 39 ans ou moins;

- des occasions de réseautage grâce aux webinaires et à l'entrepreneur en résidence.

Programme des vétérans militaires de l'Association canadienne de la franchise

L'Association canadienne de la franchise offre des rabais, des incitatifs et des possibilités d'emploi aux militaires libérés honorablement et intéressés par le franchisage ou le travail au sein d'une franchise. L'Association canadienne de la franchise estime que la discipline, les qualités de chef, l'engagement et l'aptitude à travailler dans le cadre de « procédures d'exploitation uniformisées » sont des qualités que les vétérans possèdent et qui correspondent au modèle des franchises. Les intéressés sont invités à visiter le site Web de la Compagnie Canada ou à consulter le site [http://lookforafranchise.ca/cfa-military-veterans-program] (en anglais seulement).

Programme de stages d'Avantage Carrière à l'intention des réservistes des FAC

Ce nouveau programme récemment annoncé par le gouvernement fédéral « aide les réservistes à surmonter les obstacles à l'emploi grâce à des stages rémunérés procurant un encadrement et les connaissances requises pour réussir la transition vers la population active civile. »[45] Ce programme de stages rémunérés et subventionnés est ouvert aux jeunes réservistes de 19 à 30 ans qui détiennent au moins un diplôme d'études secondaires et qui n'ont jamais participé aux stages d'Avantage Carrière auparavant. Le programme a été lancé en août 2015 et visait à placer 50 réservistes en stage au cours de la première année, 75 au cours de la deuxième année et 100 au cours de la troisième année, pour un total de 225 stages. Une aide est offerte aux réservistes et aux vétérans à l'extérieur de la catégorie d'âge indiquée pour un stage dans un programme de stage rémunéré, mais non subventionné.

Autre

La Coalition 10 000 emplois : En 2012, la Compagnie Canada, par l'intermédiaire de ses partenaires du Programme d'aide à la transition de carrière (PAT), a mis au défi le monde canadien des affaires d'embaucher 10 000 vétérans des FAC d'ici 2023. Plus de 100 employeurs se sont engagés à concrétiser cette initiative. La Coalition de 10 000 emplois s'attend à réaliser son objectif et, à ce jour, a permis l'embauche de 1 081 militaires et vétérans des FAC. Au moment de la rédaction, le programme PAT comptait plus de 4 300 militaires de partout au Canada, et plus de 120 employeurs qui appuient les militaires.

Les employeurs participants représentent une variété de secteurs d'activité : bancaire, financier, manufacturier, services aux entreprises, services d'alimentation, télécommunications, gouvernemental et sécurité. Consultez la liste complète des employeurs qui appuient les vétérans à l'adresse suivante : [www.canadacompany.ca/canadacompany/met/fr/military-members-and-veterans/military-friendly-employers/index.jsp].

Initiative Appuyons nos troupes de Kijiji : Les employeurs qui publient leurs offres d'emploi sur Kijiji et qui souhaitent embaucher des vétérans affichent un ruban jaune à côté de leurs annonces. Ouvrez une session sur le site d'emploi de Kijiji et sélectionnez « Vétérans bienvenus » à partir du menu des types d'annonces pour afficher ces employeurs.

Groupes LinkedIn : Les groupes *Hire Canadian Military, Canadian Military Employment Transition et Canadian Veterans in Business* sont des groupes privés de LinkedIn où les employeurs affichent également des postes à l'intention des militaires vétérans.

L'entrevue

Nous, les intervenants en développement de carrière, possédons tous dans nos trousses à outils des techniques d'entrevue testées et éprouvées. Outre les conseils de base avant les entrevues – étudier l'organisation, s'assurer que le curriculum vitæ convient à l'emploi, sélectionner ses références, choisir une tenue appropriée –, le vétéran qui en est au début de sa recherche d'emploi aura probablement besoin de plus d'une séance de préparation. Étant donné son ancienne culture professionnelle où les promotions reposaient sur le rendement et l'ancienneté, où les promotions étaient recommandées par le commandant et où l'autopromotion ne constituait pas une valeur fondamentale, il est naturel qu'un vétéran ne soit pas habitué ni même à l'aise avec l'idée de se vendre.

Sans avoir l'air de vouloir dire aux intervenants en développement de carrière comment faire leur travail, je présente ces questions à des fins de considérations mutuelles :

- De quelle façon préparerons-nous nos clients à faire face au scepticisme de l'employeur à l'égard de leur capacité (ou volonté) à s'adapter à la culture professionnelle civile?

- De quelle façon apprendrons-nous à nos clients à parler en connaissance de cause de la valeur ajoutée qu'ils apporteront à l'organisation?

- Quels conseils leur donnerons-nous pour les aider à décrire de quelle façon leur expérience militaire les a outillés de compétences qui répondent aux besoins de l'employeur? Que ferons-nous, par exemple, pour encourager un vétéran à décrire l'étendue de ses responsabilités alors qu'à un âge relativement jeune, il avait déjà géré un grand nombre de personnes ou un budget excédant de loin celui de son homologue civil d'âge comparable?

- Comment atteindrons-nous ces objectifs avec un client imprégné d'une culture favorisant « l'individu en dernier, la mission d'abord »?

Suggestions à l'intention des intervenants

Comme vous pouvez le constater, il existe une variété de services et d'initiatives d'aide à l'emploi destinés aux vétérans. Cependant, il arrive parfois qu'au cours de notre travail auprès d'un groupe de clients particuliers, nous prenions conscience d'un élément manquant ou d'une lacune. Si c'est le cas, associez-vous avec un fournisseur offrant déjà des services axés sur les militaires, si possible, afin d'ajouter l'élément manquant au lieu de tenter de créer une ressource distincte supplémentaire que les vétérans devront découvrir.

Ce qui est relativement difficile à trouver dans l'ensemble du Canada, ce sont des intervenants en développement de carrière compétents et habitués à travailler auprès des militaires en transition. Si vous vous rappelez bien, un des besoins exprimés par les militaires en transition au début du chapitre était « quelqu'un qui me guidera tout au long du processus. »

C'est la touche personnelle, le service individuel, les conseils étape par étape qui sont demandés et appréciés. Pour ces raisons et conformément aux besoins énumérés au début du chapitre, permettez-moi de vous offrir quelques suggestions :

• Demandez à vos clients de s'inscrire au Programme d'aide à la transition de carrière (PAT) de la Compagnie Canada et à d'autres services complémentaires, au besoin, qui les appuieront dans leur recherche d'emploi. Le programme PAT propose des services liés aux offres d'emploi, des outils d'équivalence d'emploi et un accès aux employeurs.

• Veillez surtout à aider vos clients à déterminer les compétences, les qualités personnelles, les valeurs et les expériences qui leur permettront d'obtenir un emploi.

• Suivez la recommandation de Bolles en créant un guide étape par étape sur la recherche d'emploi. Présentez des instructions concrètes, par exemple : « Vous êtes ici. Quelle est votre destination finale? Comment puis-je vous aider à vous y rendre? ».

• Offrez des ateliers ou des webinaires si vous avez beaucoup de clients.

- Offrez des services d'encadrement et d'orientation professionnelle pratiques, personnalisés et individuels conçus pour répondre aux besoins uniques de vos clients militaires. Chacun d'eux est différent.

- Pour les clients désireux d'aller en profondeur, et si vous êtes un psychologue-conseil, utilisez quelques-unes des stratégies discutées au chapitre 5 afin de préparer vos clients à l'emploi.

- Apprenez à connaître les ressources offertes de façon à pouvoir aider vos clients en matière de soutien, de formation, d'éducation et d'emploi.

- Apprenez à connaître les organisations qui appuient les vétérans.

- Formez une coalition ou joignez-vous à une coalition d'intervenants en développement de carrière qui pourront vous transmettre de l'information ainsi que des pratiques exemplaires utilisées auprès des militaires en transition.

- Renseignez-vous sur les événements, salons de l'emploi, conférences, ateliers ou activités à l'intention des militaires en transition et assistez-y afin de garder vos connaissances à jour.

Travailler avec des réservistes : congé pour service militaire

Le nombre de réservistes déployés s'est accru au cours des dernières années. Outre leur emploi à temps partiel en tant que militaires de la Force de réserve des FAC, de nombreux réservistes occupent des postes civils alors que d'autres sont étudiants. Les réservistes ont également la possibilité de se porter bénévoles pour participer à des opérations, passant d'un service à temps partiel au service à temps plein.

Afin de protéger les réservistes qui occupent un emploi civil ou qui sont aux études, toutes les provinces et tous les territoires, en association avec le gouvernement fédéral, ont adopté en 2012 *La législation sur la protection de l'emploi des réservistes*.[46] Les lois prévoient ce que les employeurs doivent faire quant aux congés accordés à des réservistes affectés à des opérations.

Bien que les détails de la législation diffèrent d'une province ou d'un territoire à l'autre, toutes les politiques relatives aux congés pour service militaire présentent les similitudes suivantes : tous les réservistes s'absentent sans salaire, une période minimale d'emploi avant le congé ainsi que la fréquence et la durée des absences sont prévues. La législation protège les réservistes au retour d'un déploiement ou d'une période de formation militaire prolongée.

Si vous avez des clients dans la Force de réserve, voici quelques conseils utiles à partager avec eux :

- Vous n'avez pas à quitter votre emploi pour participer à un déploiement.

- Vous devez bien vous préparer avant de demander un congé à votre employeur.

- Respectez les exigences établies par votre employeur. Les politiques des employeurs sur la période de préavis avant un congé varient d'un à trois mois.

- Vous trouverez des exemples de demande sur le site Web des FAC.[47]

- Vérifiez si vous reprendrez votre emploi actuel ou un emploi équivalent.

- (Pour les étudiants) Consultez la politique de votre établissement sur le report de votre programme.

Nous avons maintenant une idée d'ensemble de la transition des militaires vers un emploi civil. Ce que nous n'avons pas encore abordé – et qui est important, par expérience – c'est que, bien que nos clients puissent être impatients de trouver un travail sérieux[48], des facteurs – comme la nécessité d'effectuer des études ou une formation complémentaires, ou encore des défis mentaux ou physiques – s'interposent parfois entre eux et leur objectif.

Nous savons également que nous n'avons pas toutes les connaissances requises pour toutes les situations. C'est pourquoi nous nous efforçons de nous maintenir à jour au sujet des programmes, des fournisseurs de service, des initiatives, des outils et des stratégies. Nos connaissances sont l'un de nos meilleurs atouts.

Explorons maintenant quelques moyens simples d'aider nos clients à surmonter les obstacles d'une transition vers un emploi civil.

PRINCIPAUX ÉLÉMENTS D'APPRENTISSAGE

* Les clients militaires en transition ont besoin de renseignements concrets et pertinents et d'une aide personnalisée étape par étape.

* Il existe de nombreux programmes et services d'aide à l'emploi et de transition de carrière offerts aux vétérans en transition afin de les aider à chercher et à trouver du travail dans divers secteurs professionnels.

* Il est important que les intervenants en développement de carrière se familiarisent avec les services offerts; qu'ils complètent les ressources disponibles sans les chevaucher; et qu'ils s'inscrivent à un forum d'intervenants en développement de carrière.

LES COUPS DE CŒUR D'YVONNE :

Le livre numérique **Military to Civvie Street**, *écrit par Audrey Prenzel, explique de façon concise comment démilitariser un curriculum vitæ, et en offre plusieurs exemples. C'est une ressource canadienne.*[49]

PARTIE III :
PRÉPARATION
PRÉALABLE À L'EMPLOI

Photo courtousie: Caméra de combat des Forces canadiennes, MND

« Lorsque nous tentons de comprendre et d'évaluer les comportements d'un individu, les transitions vécues ont plus d'importance que l'âge chronologique. » [traduction libre]

– Anderson et coll.,
Counseling Adults in Transition[50]

« Essayer de trouver sa voie »

Marc a servi en tant que militaire de la Force de réserve des FAC pendant 39 ans. Au cours de cette période, il a passé 18 ans à temps plein dans le cadre de contrats dont la durée variait d'un à trois ans. Il a servi deux fois en Afghanistan et une fois au Kosovo.

Grâce à ses nombreuses années de service, Marc était admissible aux prestations de retraite en 2013, mais, étant donné la nature de ses fonctions à temps partiel et à contrat, il trouve que ce n'est pas suffisant pour subvenir à ses besoins.

Au départ, c'est le besoin d'un emploi d'été qui avait poussé Marc à s'enrôler dans les FAC. Il a principalement exercé le métier d'ingénieur militaire et, au moment de prendre sa retraite, il détenait le grade de lieutenant-colonel.

Il s'ennuie « des défis, d'aider les gens dans le besoin partout dans le monde et d'agir comme mentor. » Il s'ennuie de son grade de lieutenant-colonel. « Je ne suis plus personne maintenant. »

Au moment de prendre sa retraite des FAC, son plus grand défi est de trouver quoi faire. Marc se sent encore jeune et a l'impression d'avoir encore beaucoup à offrir. Il n'est pas prêt à faire la transition. Il n'a aucune idée de ce qu'il fera après sa carrière militaire, ni même des aptitudes ou des titres de compétence qui lui seront reconnus lorsqu'il quittera l'armée. Il ne possède ni relation d'affaires ni réseau dans le monde civil. Bien qu'il ait géré plusieurs projets d'ingénierie de grande envergure dans les FAC, il ne détient pas de diplôme en ingénierie – ce dont il aura besoin s'il désire faire un travail similaire sur le marché de l'emploi civil.

Son conseil à quelqu'un qui se prépare à faire la transition d'une carrière militaire vers un emploi civil? Maintenant, c'est déjà trop tard. « Cette transition doit être préparée. »

Où en est-il aujourd'hui? « J'essaie de trouver ma voie. Je me dirigerai peut-être vers le milieu des arts (peinture, travail du bois, dessin, sculpture). »

CHAPITRE 5

Favoriser l'adaptation : stratégies et réseaux de soutien

CONTENU DU CHAPITRE

+ Considérations concernant l'évaluation initiale.

+ Méthodes et stratégies de consultation.

+ Réseaux de soutien par les pairs.

+ Outils et ressources.

Les clients qui nous consultent afin de recevoir une aide professionnelle ne savent pas toujours ce dont ils ont besoin ni à quoi s'attendre de nous. Nous pouvons les aider en leur présentant de l'information afin d'augmenter leur connaissance de soi, de l'information sur les possibilités de carrières, des conseils pour la prise de décision et une évaluation de leur employabilité. N'hésitez pas à leur demander pourquoi ils sont venus vous demander conseil. Qu'attendent-ils de vous? Pourquoi maintenant? Qu'est-ce qui les a poussés à prendre un rendez-vous?

Des questions comme celles-ci nous permettront de déterminer si nous sommes la bonne « solution » pour combler leurs besoins. Parfois, nous ne le sommes pas.

Évaluation

Une fois que nous avons expliqué brièvement notre approche du choix de carrière et que le client a jugé que ce que nous offrons répondra à ses besoins, le véritable travail commence. Dans l'édition sur les vétérans. *Career Planning and Adult Development Journal* de 2014, Robert Miles présente quelques suggestions utiles pour notre travail auprès des militaires ou vétérans en transition[51]:

Évaluer si le client est prêt à faire un choix de carrière : Outre la question de l'emploi, l'autre besoin immédiat du vétéran est de surmonter les obstacles. Certains obstacles sont de nature personnelle – des problèmes de santé mentale ou des blessures physiques. D'autres sont de nature structurelle ou sociale. Le client est-il prêt à faire un choix de carrière?

Évaluer les intérêts et les possibilités : Quels sont les facteurs de motivation de ce client? À l'aide des inventaires d'intérêts, du partage d'expériences ou d'autres outils, le client sera en mesure d'évaluer les aspects qu'il apprécie dans ses activités militaires ou ses loisirs, et de commencer à y découvrir des possibilités stimulantes.

Évaluer les compétences : Aider les clients vétérans à déterminer l'importance des activités qui les motivent (intérêt élevé + aptitude élevée) par opposition aux activités qui suscitent très peu de motivation (intérêt faible + aptitude élevée) leur permettra de rédiger un curriculum vitæ efficace et de mieux se préparer aux entrevues d'emploi.

Évaluer les changements de valeurs : Le service militaire modifie parfois considérablement les valeurs des vétérans. Le classement des cartes de valeurs, faciles à manipuler, peut les aider à déterminer quelles valeurs ont changé au fil du temps et de quelle façon. Parfois, le changement entraîne un bouleversement de leur vision du monde. Par exemple, la « reconnaissance » ou le « statut » étaient très importants auparavant. Maintenant, il se peut que « sécurité » ou la « stabilité » soient devenues prioritaires. Voilà une occasion pour le vétéran d'exprimer ses sentiments ou ses idées, et de nous renseigner davantage sur ses principales priorités.

Favoriser la prise de décision : Les intervenants en développement de carrière peuvent aider les clients à faire la différence entre les objectifs à court terme et ceux à long terme. Quels sont les facteurs exigeant une considération immédiate? Problèmes familiaux, difficultés financières, éducation? Le plus important pour le moment est d'aider les clients à recenser et à examiner leurs priorités les plus pressantes.

Favoriser la mise en œuvre : C'est souvent à cette étape que nous perdons nos clients et qu'ils ont le plus besoin de notre soutien. Au cours de la phase d'évaluation ou d'orientation professionnelle, les clients sont, en règle générale, des récepteurs d'information. Nous leur transmettons les résultats des séries de tests quelconques que nous leur avons fait faire, et nous les aidons à voir les tendances et les possibilités. À l'étape de la mise en œuvre, cependant, c'est au tour du client de passer à l'action. La balle est dans son camp, pour ainsi dire. (Voilà pourquoi déterminer l'employabilité est une étape vraiment critique.)

Pour le client dont la priorité est de trouver du travail, la prochaine étape est la recherche active d'un emploi. Cela suppose beaucoup d'activités de réseautage, d'entrevues d'information, de salons de l'emploi, le risque d'essuyer des refus et de faire face à des employeurs subjectifs, tout en gardant le moral. De même, les clients qui ont choisi de poursuivre des études ou une formation supplémentaire profiteront également de notre expertise. Nous pouvons les aider à s'y retrouver dans les dédales des études civiles – admissions, reconnaissance de crédits, mesures d'adaptation (au besoin), sélection de cours, aide financière, etc.

Stratégies et méthodes de consultation pour vétérans

Jetons un coup d'œil à quelques méthodes et stratégies qui peuvent être aussi efficaces que pertinentes auprès des clients vétérans.[52]

Planification d'une transition – Modèle des 4 S de Schlossberg

Devant le besoin pressant de se trouver en emploi ou d'obtenir un diplôme, le « nouveau » vétéran pourrait ne pas prendre le temps – ou voir la nécessité de prendre le temps – d'accepter son passé avant de se lancer vers l'avenir. Par contre, les événements (comme quitter les FAC) et les non-événements (l'attente d'un événement qui ne se réalise pas) sont autant de situations qui changent une vie, et les changements font partie de toute transition. Voilà pourquoi Mary Anderson et Jane Goodman recommandent d'utiliser le modèle des 4 S de Schlossberg auprès des vétérans en transition[53].

Ce modèle, qui met l'accent sur les 4 S – Situation, Soi, Soutien et Stratégies –, aide les intervenants à planifier des interventions en phase avec les forces et les faiblesses du client, de façon à lui permettre de mieux s'adapter, particulièrement lorsqu'il passe d'un système axé sur la hiérarchie et la conformité à un système qui repose sur l'autonomie et l'autopromotion.

La question relative à la **Situation** – « Que se passe-t-il maintenant? » – donne la chance au militaire en transition de faire le point. Les réponses peuvent varier largement : « Je quitte les FAC après ___[nombre] ans », « Je suis blessé », « La dynamique de ma famille a changé », « Je ne suis pas certain du type d'emploi que je peux obtenir ».

La question relative à **Soi** – « Quelle perception ai-je de moi-même pendant cette transition? » – peut également être formulée de cette façon : « Est-ce que je me débrouille bien? ». Cette question permet au client de prendre conscience de ses sentiments. Peur? Excitation? Anxiété? Nos ressources personnelles et psychologiques – valeurs, spiritualité, résilience et perspective de vie – entrent en ligne de compte chaque fois que nous sommes confrontés à des changements.

Le **Soutien** est un élément très important lors des transitions ayant des répercussions sur nos vies. Cet aspect est particulièrement pertinent pour les militaires en transition. Ils ont besoin du soutien de leur famille et de leurs amis, de réseaux, d'employeurs, d'intervenants en développement de carrière et de pairs. Ils ont besoin d'un espace ou d'un endroit où ils peuvent s'exprimer honnêtement et recevoir des commentaires positifs et constructifs ainsi que de l'aide. Questions fondamentales : « Quel soutien est-ce que je reçois? » et « De quel genre de soutien ai-je besoin? ».

Stratégies : « De quelle façon est-ce que je m'adapte généralement aux changements? » « Quels sont les mécanismes que j'utilise pour mieux parer aux imprévus? » Les stratégies d'adaptation nous aident à minimiser les répercussions ou la signification d'un problème, à modifier la situation et à gérer le stress. Les individus s'adaptent plus facilement lorsqu'ils font preuve de souplesse et qu'ils ont plus d'une stratégie à leur disposition.

Pour ceux qui préfèrent une méthode plus simple, le modèle de Schlossberg peut être reformulé par ces quatre questions destinées à faire réfléchir votre client :

- Que se passe-t-il maintenant? (Situation)
- Est-ce que je me débrouille bien? (Soi)
- De quoi ai-je besoin? (Soutien)
- Est-ce que je m'adapte bien? (Stratégies)

Traitement de l'information cognitive

Le traitement de l'information cognitive est un ensemble de points de vue théoriques qui traitent de la séquence et de l'exécution d'événements cognitifs. Il s'intéresse à ce qui se passe entre le moment où vous recevez l'information et le moment où vous l'exécutez. Présentée sous la forme d'une pyramide, la théorie du traitement de l'information cognitive estime que toute résolution de problème et toute prise de décision sur le plan professionnel comportent la connaissance de soi, des connaissances professionnelles, des aptitudes décisionnelles et des métacognitions.

Théorie du traitement de l'information cognitive

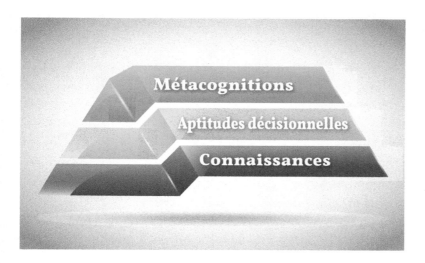

Niveau 1 : Domaine des connaissances
(connaissance de soi et de ses possibilités)

Connaissance de soi : À la base de la pyramide se trouve l'étape qui comprend l'information au sujet des intérêts professionnels, des compétences, des valeurs, des aptitudes et des traits de personnalité du client. Il est possible d'obtenir ces connaissances grâce au tri de cartes, aux inventaires, aux fiches de travail ou autres ressources en ligne comme l'outil Self-Directed Search® (SDS).

Connaissances professionnelles : Parallèlement aux connaissances de soi vient l'information professionnelle : l'étude des employeurs, le réseautage en personne ou en ligne, les sites d'emploi, les traducteurs de compétences militaires en équivalents civils, les entrevues d'information, les salons de l'emploi et des carrières.

Niveau 2 : Domaine des aptitudes décisionnelles
(savoir comment prendre des décisions)

Le modèle décisionnel à 5 phases CASVE (communication, analyse, synthèse, valeur et exécution) permettra au client vétéran de déterminer la meilleure étape initiale ainsi que les autres étapes menant aux objectifs à long terme. En termes non spécialisés, CASVE peut être reformulé en posant les questions suivantes :

- Communication – Quelles sont les lacunes?
  Quel problème requiert mon attention?
- Analyse – Quelles sont les composantes du problème?
- Synthèse – Quelles possibilités s'offrent à moi?
- Valeur – Quelles possibilités ont la priorité?
- Exécution – Que dois-je faire pour
  arriver aux résultats voulus?

Les auteurs du modèle CASVE suggèrent la séquence suivante lors de vos interventions professionnelles[54] :

- Étape 1 – Mener une entrevue initiale avec le client.

- Étape 2 – Effectuer une évaluation préliminaire
  pour déterminer l'employabilité du client.

- Étape 3 – Travailler avec le client afin de définir ses difficultés professionnelles et d'en analyser les causes.

- Étape 4 – Collaborer avec le client afin d'établir des objectifs réalistes en matière de résolution de problème et de prise de décision.

- Étape 5 – Présenter au client une liste d'activités et de ressources pertinentes (plan d'apprentissage individuel).

- Étape 6 – Exiger du client qu'il mette en œuvre son plan d'apprentissage individuel.

- Étape 7 – Effectuer une revue sommaire de la progression du client et généraliser les nouveaux apprentissages à d'autres problèmes professionnels.

Niveau 3 : Domaine des métacognitions
(réfléchir à sa prise de décision)

À ce stade, les clients analysent (traitement général) les décisions prises. Ils se demandent : « Qu'est-ce que je pense de cette décision? ». En sondant le client pour connaître les éventuelles pensées négatives susceptibles d'avoir des répercussions sur le processus de recherche d'emploi, les intervenants en développement de carrière peuvent demander au client d'expliquer ses pensées négatives et en discuter avec lui en vue de modifier les messages négatifs envers lui-même. Parmi les pensées négatives possibles : « Je ne suis pas assez bon », « Personne ne m'embauchera en raison de ma déficience », etc.

Les auteurs du traitement de l'information cognitive ont également mis au point l'inventaire des pensées professionnelles, qui permet d'évaluer les « pensées dysfonctionnelles » du processus de choix de carrière, comme l'anxiété causée par l'engagement professionnel, la confusion ou les conflits externes. Un cahier de travail accompagne l'inventaire des pensées professionnelles pour mieux aider les clients à reformuler les pensées négatives qu'ils ont découvertes. L'élaboration de plans d'apprentissage individuels apporte également aux clients des stratégies et des outils concrets pour progresser dans la bonne direction.

Mary Buzzetta et Shirley Rowe sont d'avis que le traitement de l'information cognitive peut également aider les militaires en transition confrontés à des obstacles à l'emploi ou à la carrière, qu'ils soient réels ou imaginaires.[55] Par exemple, passer d'un environnement de travail hautement structuré et axé sur le travail d'équipe à un milieu de travail civil moins structuré et axé sur l'individualité peut être interprété comme un obstacle, puisqu'il génère des réflexions négatives comme « Je ne réussirai jamais à fonctionner dans un environnement où les règles changent continuellement ». Il y a également la perte d'identité – perte de rôle et de statut – subie par le militaire libéré.

En explorant les idées de carrière du client et en utilisant le modèle CASVE, les intervenants en développement de carrière lui permettront d'exprimer aisément ses sentiments, de changer sa façon de penser et, éventuellement, de prendre des décisions.

Encadrement axé sur la recherche de solutions

« Si un miracle se produisait maintenant et faisait disparaître tous vos problèmes –à quoi ressemblerait votre vie? »

Cette question « miracle » est posée par certains mentors qui utilisent l'approche axée sur la recherche de solutions.[56] L'encadrement axé sur la recherche de solutions, qui ne se limite plus au domaine de la consultation, repose sur deux principes fondamentaux : (1) l'encadrement individuel et personnalisé est la meilleure solution et (2) chaque individu possède la capacité de résoudre ses propres problèmes. C'est une méthode brève qui repose sur le respect et la collaboration. Voici les étapes à suivre avec votre client :

1. Reconnaissez le problème. Pourquoi est-ce un problème? De quelle façon me touche-t-il?

2. Définissez le changement recherché. À quoi ressemblerait l'avenir si ce problème n'existait pas?

3. Dressez une liste de ce qui vous aiderait à atteindre les résultats désirés.

4. Mettez davantage l'accent sur les actions qui donnent des résultats que sur les actions non productives.

Le vétéran qui ne réussit pas à trouver du travail et baigne dans la négativité et le désespoir, le client ayant peu de patience pour les longues stratégies d'orientation axées sur les processus, ou l'individu qui a des difficultés à exprimer comment sa carrière militaire l'a muni de compétences recherchées par les employeurs – peuvent tous tirer avantage d'une approche d'encadrement axé sur la recherche de solutions.

Encadrement ou orientation axés sur les forces

Souvent, les clients sollicitent les services d'un intervenant en développement de carrière afin d'obtenir un emploi en particulier sans vérifier si cet emploi leur convient. Aider le client à évaluer ses forces et à les décrire à un employeur potentiel peut avoir un effet libérateur. Les forces peuvent se présenter sous forme de qualités personnelles, de compétences, d'aptitudes ou d'habiletés. Demandez :

- À quel moment vous sentez-vous le mieux?
- Décrivez un des meilleurs moments de votre vie.
- Qu'est-ce qui vous donne de l'énergie et vous aide à vous sentir bien dans votre peau?
- Décrivez-moi trois choses importantes dans votre vie.

Les questions ci-dessus ont pour but de faire ressortir les capacités inhérentes et énergisantes d'un individu. Énergisant est le mot clé de cette approche. Inspiré d'éléments de la psychologie positive, l'encadrement axé sur les forces met l'accent non pas sur ce que le client ne fait pas bien, mais plutôt sur ce qu'il fait bien afin qu'il le fasse encore mieux.

Observez ce qui se passe lorsque vous demandez à une cliente de parler de l'un de ses meilleurs moments, ou de sa participation à une activité qui fait appel à ses plus grandes compétences. Son visage s'illumine. Ses yeux brillent. Elle s'exprime aisément et avec confiance. Elle semble emballée.

Maintenant, observez la différence lorsque vous demandez à la même personne de parler de ses faiblesses. Sa posture s'affaisse. Le niveau d'énergie chute. Le soleil se couche.

L'encadrement ou l'orientation axés sur les forces, tout comme l'approche axée sur la recherche de solutions, peut être un excellent modèle à utiliser avec les vétérans en recherche d'emploi.

Approche Legacy Careers®

Comme mentionné au chapitre 2, la retraite des FAC peut se produire à un âge normal pour une retraite ou à un âge relativement jeune. Qu'il soit jeune ou vieux, le vétéran ayant accumulé des compétences, des expériences, des liens professionnels et des connaissances, et qui désire mettre l'accent sur la gestion de difficultés, de problèmes, de défis et de possibilités importants à ses yeux profitera de l'approche Legacy Careers®. Cette méthode mise sur la séquence suivante :

• Faire le point;
• Trouver un sens;
• Créer un plan;
• Léguer un héritage.

Cette approche ne repose pas sur le fait de traduire les expériences militaires afin de convenir à un poste civil. Elle se soucie plutôt de fournir des outils et des méthodes pour aider le vétéran à se créer une identité civile significative et tournée vers l'avenir. L'approche Legacy Careers® reconnaît qu'il existe un vaste éventail de possibilités entre continuer de faire le même travail et ne rien faire du tout. Ce qui soulève la question : « Qu'est-ce que je veux faire au cours de la prochaine phase de ma vie? ».

Plutôt que de commencer par le domaine des connaissances du niveau 1 de la méthode du traitement de l'information cognitive (connaissance de soi et connaissances professionnelles), l'intervenant en développement de carrière peut aider le client à se concentrer sur les critères essentiels à combler afin qu'il se sente à l'aise et satisfait dans sa nouvelle carrière.

- Quels sont mes besoins et mes exigences?
- Qu'est-ce qui compte pour moi?
- Quels sont mes talents innés
  (par opposition aux compétences acquises)?
- Quelles répercussions devrait avoir mon travail? Quels sont les problèmes que je veux contribuer à résoudre?

L'approche Legacy Careers® ne présume pas que les gens poursuivront un cheminement de carrière linéaire, qu'ils demeureront au sein de la même industrie, ou qu'ils maintiendront le même niveau ou grade qu'en milieu de carrière. Au contraire, elle leur permet de se distancer des titres, des rôles et des fonctions particuliers afin de déterminer la signification de leur travail devrait avoir et les étapes qu'ils devront suivre pour atteindre l'objectif qu'ils se sont fixé. Souvent, le processus exige un perfectionnement professionnel, des stages, des emplois temporaires ou un plan en plusieurs étapes.

L'approche Legacy Careers® définit ce que les clients doivent accomplir dans un horizon de 6 mois, de 1 à 2 ans et de 5 à 10 ans afin de continuer à progresser et à évoluer vers l'apogée de leur carrière. En adoptant une perspective d'ensemble allant de 10 à 20 ans, les intervenants peuvent aider les clients militaires en transition à créer un plan qui :

- répond à leurs besoins à court terme et à long terme;
- met l'accent sur leurs talents innés
  (par opposition aux compétences acquises);
- implique un travail qui compte à leurs yeux;
- a des répercussions reconnues au sein du
  marché du travail d'aujourd'hui.

Les approches et méthodes décrites ci-dessus sont loin d'être les seules possibles. L'intervenante en développement de carrière Melissa Martin recommande l'encadrement axé sur l'espoir, l'encadrement axé sur la résilience et l'entraînement basé sur la pleine conscience.[57] Vous préférerez peut-être utiliser vos propres techniques testées et éprouvées.

Réseaux de soutien pour vétérans à risque

Dans le cas des vétérans dont la carrière a été interrompue en raison d'une maladie ou d'une blessure, la décision de quitter le service militaire peut ne pas avoir été la leur. Lorsque l'on vient d'une culture où l'employabilité est liée à la déployabilité, et que la déployabilité constitue une exigence du service – où « forme physique » signifie force – demander de l'aide peut s'avérer difficile pour les vétérans malades ou blessés. Sans compter que très peu de civils comprennent les rigueurs du combat. La plupart ne veulent pas en entendre parler ni en discuter. Dans de nombreux cas, les accompagnateurs en gestion de carrière déconseillent aux vétérans de mentionner les détails de leurs expériences de combat dans leur curriculum vitæ ou au cours d'une entrevue d'emploi.

Nous avons déjà établi au chapitre 1 qu'un élément important de la transition des vétérans vers une vie civile est l'accès à des réseaux de pairs. Jetons un coup d'œil à certains services offerts aux vétérans pour les aider à composer avec les maladies contractées durant le service :

Soutien social aux blessés de stress opérationnel (SSBSO) [www.osiss.ca]

En 2001, dans la salle d'attente d'une clinique, quelques militaires blessés des FAC ont engagé la conversation, et cette heureuse rencontre a donné naissance au programme SSBSO. Le soutien social aux blessés de stress opérationnel (SSBSO), un partenariat entre les FAC et Anciens Combattants Canada, offre un soutien par les pairs aux militaires des FAC, aux vétérans ou aux familles d'anciens militaires des FAC qui souffrent des effets d'une blessure de stress opérationnel (BSO). Une BSO se définit comme un trouble psychologique persistant à la suite de fonctions opérationnelles pendant le service militaire. Les BSO incluent, notamment, l'état de stress post-traumatique (ESPT), l'anxiété, la dépression ou tout autre problème ayant une incidence sur la capacité d'exécuter les tâches quotidiennes. Depuis ses débuts, le programme SSBSO a créé un réseau national de soutien par les pairs dans plus de 20 endroits où les militaires des FAC, les vétérans et leur famille peuvent bénéficier d'un soutien par les pairs, d'une oreille attentive et d'un aiguillage, selon les besoins.

Wounded Warriors
[http://woundedwarriors.ca/fr/page-daccueil/]

Wounded Warriors est un organisme-cadre qui offre aux vétérans des FAC des programmes et du financement en lien avec un éventail de soins axés sur les pairs. Les programmes de Wounded Warriors, qui s'appuient grandement sur le pouvoir de guérison de la nature et des animaux, incluent des chiens d'assistance pour l'ESPT, le programme CanPraxis Equine pour l'ESPT, la pêche à la mouche, des visites dans la nature et le Parc de réflexion. Wounded Warriors subventionne également le Veterans Transition Network et le Veterans Emergency Transition Services.

Veterans Transition Network
[www.vtncanada.org] (en anglais seulement)

CE réseau offre des cours de transition aux militaires des FAC et à leur famille. Coanimés par des vétérans et des psychologues ou des conseillers des FAC, les cours sont gratuits et portent sur un large éventail de difficultés liées à la transition, y compris le rétablissement des liens familiaux, l'ESPT, la carrière et d'autres ressources. Chaque cours dure 10 jours (trois fins de semaine).

Veterans Emergency Transition Services (VETS) Canada
[www.vetscanada.org]

Ce programme aide les vétérans sans abri et ceux qui présentent des risques de le devenir à réintégrer la vie civile. Le programme VETS a été lancé en 2010-2011 lorsque le vétéran des FAC Jim Lowther a réalisé qu'un grand nombre de ses camarades vétérans n'avaient pas réussi à intégrer la vie civile. Certains avaient perdu leur famille, étaient suicidaires, sans abri, au chômage ou avaient de la difficulté à composer avec une maladie mentale ou physique. Le programme VETS aide les vétérans à faire la transition entre la rue ou les refuges et un logement abordable, à recevoir des soins de santé et des prestations ou services, et à trouver un emploi convenable. Le programme VETS est maintenant un mouvement national, un organisme caritatif enregistré et sans but lucratif comptant sur un réseau de plus de 135 000 participants, des centaines de bénévoles et un fournisseur de services approuvé par Anciens Combattants Canada.

Consultez le chapitre 8 pour obtenir la liste complète des services de soutien dans divers secteurs. N'oubliez pas que les vétérans n'ont pas tous les mêmes besoins! Et n'oubliez pas de collaborer avec d'autres intervenants en développement de carrière afin de partager et d'acquérir des connaissances.

★ L'état de préparation est primordial à la planification de carrière et à la prise de décision.

★ L'évaluation d'une transition peut être utile aux clients qui sont « bloqués. »

★ Les pensées négatives sont susceptibles d'interférer avec les plans de carrière.

★ La planification de la réorientation professionnelle peut exiger un plan à long terme (legacy).

★ Les réseaux de soutien peuvent aider à faire face aux difficultés et à s'adapter.

La version la plus récente du livre
What Color Is Your Parachute?
de Richard N. Bolles renferme une section spéciale sur les vétérans intitulée « A 10-minute crash course for returning veterans »
(un cours intensif de 10 minutes pour les vétérans qui reviennent au pays).

La seule personne qui soit éduquée, c'est celle qui a appris à apprendre... et à changer. [traduction libre]

—Carl Rogers, psychologue[58]

« Une expérience inoubliable! »

Sasha s'est enrôlée dans la Force de réserve des FAC et, cinq ans plus tard, a décidé d'intégrer la Force régulière où elle continue de servir.

Au cours de ses études universitaires, elle a eu la chance d'obtenir un stage en relations publiques au sein du ministère de la Défense nationale. Au cours de ce stage, et au jeune âge de 21 ans, elle a vécu un moment décisif. « C'était la première fois que quelqu'un me confiait un projet de grande envergure. »

Le grand projet médiatique de Sasha s'est révélé un immense succès et a fait la une des journaux. L'ivresse du succès de ses efforts n'était cependant pas suffisante pour la pousser à s'enrôler dans les FAC. « Je n'ai jamais cru que j'avais ce qu'il fallait pour être militaire, alors je suis retournée à l'université et j'ai terminé mon baccalauréat. »

Après avoir obtenu son diplôme universitaire et occupé plusieurs postes contractuels, Sasha était prête pour quelque chose de plus permanent.

« En 1999, je m'en allais rencontrer un client et je suis tombée par hasard sur l'officier pour lequel j'avais travaillé auparavant. » Je lui ai dit que j'avais vraiment aimé travailler pour lui et que je recommencerais volontiers. Il m'a parlé de la réserve et m'a aidée à aller au bout du processus de recrutement.

« Je me suis enrôlée parce que j'appréciais vraiment la personne avec qui j'allais travailler. C'était un leader très stimulant et sans préjugé. »

D'après Sasha, sa carrière militaire lui a offert « de nombreuses occasions de voyager et de mettre [m] es limites à l'épreuve. Je suis devenue une leader et j'ai appris à gérer des personnes et des projets. Cette expérience s'est avérée inoubliable ».

Pourquoi donc Sasha songe-t-elle à quitter les FAC?

« Il est temps pour moi d'utiliser cette expérience à d'autres fins. »

Sasha détient maintenant le grade de major et elle croit bien qu'elle s'ennuiera de la structure de la vie militaire. « Il est réconfortant de savoir que votre superviseur (leader) s'occupe de vous, qu'il vous évalue, vous appuie et vous conseille. »

En ce moment, elle explore des possibilités de carrière à l'extérieur des FAC en exploitant son réseau d'amis et de collègue d'autrefois.

« J'ai un excellent réseau d'amis qui me connaissent et savent de quoi je suis capable. Ils m'ont été très utiles jusqu'à présent. »

CHAPITRE 6

L'épineux problème de l'éducation et des qualifications

La troisième recommandation d'un rapport du Sous-comité sénatorial des anciens combattants en 2014 demande aux Forces armées canadiennes (FAC) et au ministère de la Défense nationale (MDN) de rendre les entrevues de transition obligatoires pour tous les militaires se préparant à obtenir leur libération.[59]

En 2011, le président Obama a signé le Veterans Opportunity to Work (VOW) Act (loi sur l'occasion de travailler des vétérans). Cette loi oblige tous les vétérans américains à participer à une séance d'information avant de quitter le service militaire. Les séances d'information portent sur trois aspects : les avantages, les professions et une analyse de l'écart.

Pourquoi le Canada et les États-Unis perçoivent-ils le besoin d'exiger une telle chose? Pour s'assurer que les militaires ont discuté des besoins qui pourraient survenir après leur libération, et sont conscients des avantages et services disponibles s'ils ont besoin d'aide.

Comme l'histoire de Marc (consultez la **page 121**) l'illustre de façon très touchante, la préparation est très importante : il n'a pas effectué la planification préparatoire qui aurait fait toute la différence. En faisant appel aux Services de transition des FAC le plus tôt possible avant de quitter l'Armée, les militaires auront l'occasion de réfléchir à la vie après leur service militaire. Ils pourront ainsi se demander « Qu'est-ce que je veux faire? » et « De quoi ai-je besoin pour le faire? ».

Poser la question « De quoi ai-je besoin pour le faire? » permet aux militaires d'examiner la formation ou l'expérience qu'ils possèdent, et ce qu'ils doivent approfondir. Ils pourront également explorer les exigences des établissements afin d'effectuer une préparation préliminaire au besoin. Quoi qu'il en soit, nous ne faisons pas toujours ce que nous devrions faire au bon moment, alors faisons face au présent.

Reconnaissance de la formation et de l'instruction militaires

Dans le chapitre 2, nous avons vu une liste des nombreux centres de formation et des établissements d'enseignement des FAC. Voici le problème : la plus grande partie de la formation et de l'instruction militaires sont propres au monde militaire.

Cela a des répercussions non seulement pour l'employabilité au civil, mais également lors de la reconnaissance des attestations d'études au civil. Bien que l'on encourage chaque membre des FAC à créer un plan d'apprentissage individualisé, si ce plan ne prend pas en considération la vie civile, il pourrait avoir un effet limitant.

Les établissements civils possèdent des normes d'équivalences différentes. Il y a également des lacunes au niveau de la compréhension des civils concernant la formation et l'instruction militaires. Il n'est donc pas facile d'obtenir une reconnaissance de la part des établissements et des employés civils en ce qui concerne le temps passé dans les FAC et la formation qui y a été reçue.

Qu'en sera-t-il donc, par exemple, de notre soldate d'artillerie récemment libérée qui envisage une carrière comme opératrice d'ordinateur (voir l'introduction, **page 19**)? Mieux encore, disons qu'elle a été embauchée par une entreprise pour travailler dans ce métier. Est-ce que l'absence de diplôme l'empêchera de progresser au sein de cette entreprise? Et si elle décide, après quelques années au sein de cette entreprise, de chercher un autre emploi. Est-ce que le problème du « manque » de formation ressurgira? Ces questions illustrent certains défis pédagogiques qu'un vétéran non préparé pourrait rencontrer.

Bien que la majorité des universités et collèges canadiens offrent une évaluation et une reconnaissance des acquis (ÉRA),[60] ce service n'est pas très connu des militaires qui en ont besoin, ou encore ce qu'il offre ne réduit pas de beaucoup les exigences requises pour obtenir un diplôme ou un grade universitaire.

Il n'existe à l'heure actuelle aucun guide canadien uniforme pour aider les établissements à déterminer les équivalences civiles d'une expérience ou d'une formation militaire. Il y a là un grand manque à combler au Canada. Mais tout n'est pas perdu. Afin de tenir compte de la situation des vétérans, et par l'entremise de plusieurs initiatives de représentation, des établissements d'enseignement offrent des crédits pour le service militaire et en font la promotion active. Voici la liste de quelques-uns de ces établissements.

Établissements d'enseignement offrant des crédits et une formation

Collège Algonquin [www.algonquincollege.com/military] (en anglais seulement) offre une reconnaissance des crédits pour les métiers militaires suivants :

• Commis de soutien à la gestion des ressources des FAC;

• Qualification militaire de base des FAC (programme New Defence and Security Certificate);

• Technicien géomatique des FAC;

• Police militaire des FAC.

Le **Military Support Office** (bureau de soutien des militaires) de l'**Université du Manitoba** [http://umanitoba.ca/faculties/coned/military] (en anglais seulement), en partenariat avec le MDN, reconnaît et facilite l'éducation et la formation du personnel militaire de plusieurs façons :

- Il offre des crédits pour certains cours et certaines formations militaires en vue de l'"obtention d'un diplôme;

- Il supervise la réduction des exigences minimales de crédits dans certains programmes menant à un grade;

- Il autorise les abandons de cours ou le remboursement des droits de scolarité si ou lorsque le service militaire entre en conflit avec des cours;

- Il offre de l'aide scolaire et une planification pour les programmes menant à un grade.

Les militaires peuvent saisir leur code de groupe professionnel militaire (CGPM) et leur niveau de formation dans la base de données de transfert des crédits militaires [http://umanitoba.ca/extended/military/credit] (en anglais seulement) pour déterminer (de façon non officielle) s'ils sont admissibles à des crédits. Ils peuvent transmettre leur Sommaire des dossiers du personnel militaire (SDPM) et tout relevé de notes provenant d'autres établissements postsecondaires afin de recevoir une évaluation officielle des crédits de transfert, sans frais.

L'**Université d'Athabasca** [www.athabascau.ca] (en anglais seulement) accepte des crédits de transfert pour l'expérience militaire afin qu'un étudiant puisse réduire le nombre de cours requis pour obtenir un diplôme. Les militaires doivent d'abord faire une demande d'admission et être acceptés à l'Université d'Athabasca, puis leur expérience militaire doit être évaluée par le bureau de soutien des militaires à l'Université du Manitoba.

Le **Legion Military Skills Conversion Program** (programme de conversion des compétences militaires de la Légion) du **British Columbia Institute of Technology (BCIT)** [www.bcit.ca/legion] (en anglais seulement) est offert aux militaires actifs et libérés de la Force régulière et de la Force de réserve des FAC, ainsi qu'au personnel de la Garde nationale. Il leur permet d'accélérer leurs études en leur octroyant des crédits du BCIT en vue d'obtenir un diplôme ou un grade dans des programmes comme les ressources humaines, la gestion opérationnelle, les opérations commerciales, le système d'information géographique, la construction ou la technologie de l'information dans l'entreprise.

Le **Canadian Forces Program** (programme des Forces canadiennes) du **Northern Alberta Institute of Technology (NAIT)** [www.nait.ca/canadian-forces-program.htm] (en anglais seulement) permet aux militaires des FAC d'accéder à une variété de cours, d'options de mise à niveau et de programmes à temps plein. Le NAIT accorde des crédits aux militaires des FAC formés dans plus de 13 métiers, y compris les télécommunications aérospatiales, les cuisiniers, les ingénieurs maritimes, les commis de gestion des ressources, les techniciens d'armement et le leadership militaire.

L'**Université du Nouveau-Brunswick** (UNB) [www.unb.ca/cel/military/credit.html] (en anglais seulement) évalue la formation militaire afin de reconnaître tout crédit applicable à ses programmes. Les candidats doivent fournir leur Sommaire des dossiers du personnel militaire (SDPM), leurs rapports de cours de langue seconde, leurs relevés de notes pertinents avec la description des cours, une demande d'inscription à l'Université du Nouveau-Brunswick dûment remplie et le paiement des frais.

Le Collège Fanshawe fait partie d'un **consortium d'écoles** qui s'est joint à la Compagnie Canada afin d'établir des parcours pédagogiques dans lesquels les personnes ayant une expérience et une formation militaires peuvent obtenir des crédits pour leurs acquis selon les lignes directrices de l'école et de la province. Les autres membres du consortium sont le BCIT, le NAIT, le Marine Institute de l'Université Memorial et le Collège triOS.

D'autres établissements et organisations offrent des possibilités de s'instruire, y compris le groupe FDM, l'Institute for Performance and Learning (anciennement la Société canadienne pour la formation et le perfectionnement), les Maritime Drilling Schools Limited, l'entreprise QQC Recruiting Limited, et l'Industrial Marine Training and Applied Research Centre (IMTARC).

Programmes d'entrepreneuriat et pour les entreprises

Le **New Business Start-up Program** (programme de démarrage d'une nouvelle entreprise) du **Collège Centennial** [www.centennialcollege.ca/coe] (en anglais seulement) est utile pour les vétérans des FAC qui désirent démarrer leur propre entreprise. Offert par le Centre of Entrepreneurship et fort d'un taux de succès de 95 p. cent, le programme en ligne de démarrage d'une nouvelle entreprise enseigne aux participants comment élaborer, améliorer et mettre en œuvre un plan d'affaires. Les militaires des FAC intéressés peuvent communiquer avec leur officier de sélection du personnel afin d'obtenir plus d'information.

Les **camps d'entraînement entrepreneuriaux** de sept jours menés par l'**Opération Entrepreneur du prince de Galles** sur les campus de tout le Canada enseignent aux militaires en transition les bases de l'entrepreneuriat. En 2016, des camps d'entraînement sont prévus à l'Université Laval, l'Université Dalhousie, l'Université Queen's, l'Université Memorial et l'Université de Régina.

Les organismes **Legion Lions' Lair** et **Mindworks** du **British Columbia Institute of Technology** [http://www.bcit.ca/ legion/entrepreneurship.shtml] (en anglais seulement) sont également accessibles aux vétérans qui désirent explorer l'entrepreneuriat.

Certificat de qualification

Les anciens militaires des FAC ayant de l'expérience dans un métier spécialisé comme ceux de plombier, de cuisinier, de technicien à l'entretien et à la réparation d'automobiles, d'électricien, de charpentier, de soudeur, de technicien en réfrigération, d'opérateur d'équipement lourd ou autre peuvent demander de passer les examens provinciaux ou territoriaux afin de recevoir leur certificat portant le Sceau rouge (http://www.red-seal.ca/contact/pt-fra.html). Voici deux exemples :

- **L'Ordre des métiers de l'Ontario**
  [www.ordredesmetiers.ca/veterans];

- **La Saskatchewan Apprenticeship and Trade Certification Commission**
  [http://www.saskapprenticeship.ca/former-canadian-military-personnel] (en anglais seulement).

Équivalences d'une expérience militaire en matière d'emploi

Nous avons déjà mentionné le fait que plusieurs employeurs civils et administrateurs de l'enseignement ne comprennent pas la formation et l'instruction militaires, ou ne savent pas comment établir des équivalents dans les emplois civils. Voici quelques outils utiles pour combler cette lacune :

Équivalence des métiers militaires en métiers civils

Dans l'annexe 1, vous trouverez le tableau d'Équivalence des métiers militaires en métiers civils. Élaboré à l'interne par les Services de transition des FAC, ce document de huit pages offre des équivalences civiles pour plus de 350 emplois militaires.

Codes de groupe professionnel militaire et professions civiles connexes (CGPM vers CNP)
[www.forces.gc.ca/fr/affaires-appui-reservistes/outils-professions.page]

Le tableau des Groupes professionnels militaires et professions civiles connexes offre des équivalences entre la Classification nationale des professions (CNP) et les Codes de groupe professionnel militaire (CGPM). Malheureusement, la base de données est limitée quant au nombre de métiers présentés. Et pour la plupart des métiers opérationnels, comme soldat d'artillerie, soldat d'infanterie et soldat des blindés, aucune équivalence de CNP n'est fournie. Il est inscrit sur le site, par contre, que les emplois des armes de combat sont propres à l'armée et ne possèdent pas d'équivalents civils. Nous encourageons les employeurs et les intervenants en développement de carrière à mettre l'accent sur les multiples compétences transférables des militaires en transition ayant occupé un tel emploi (gestion du temps, leadership, compétences organisationnelles, etc.).

Guichet-Emplois du gouvernement du Canada
[www.guichetemplois.gc.ca]

Cette base de données nationale offre des listes d'emplois, des outils d'exploration de carrières et des mises à jour sur le marché du travail. La composante qui permet d'explorer des carrières offre des renseignements sur les perspectives professionnelles, les salaires, et une liste des habiletés et connaissances qui sont particulièrement utiles en travaillant avec d'anciens militaires. À l'aide de la liste des habiletés et des connaissances, les chercheurs d'emploi peuvent définir leurs compétences dans 10 catégories, et leurs connaissances dans neuf domaines. Les résultats fournissent un profil des habiletés et connaissances qui montre les métiers liés, les habiletés correspondantes et les connaissances requises. En cliquant sur les métiers, vous pouvez voir tous les emplois présentement disponibles par région.

Une autre ressource présentant une utilité restreinte est **O*NET** [www.onetonline.org] (en anglais seulement). O*NET est la principale source de renseignements sur les professions aux États-Unis. Tout comme le Guichet-Emplois au Canada, il comporte une base de données sur les métiers ainsi que des outils d'exploration et d'évaluation des carrières pour ceux qui cherchent une carrière ou se réorientent. Le site **My Next Move for Veterans** [www.mynextmove.org/vets] (en anglais seulement) est une sous-composante de O*NET. Dans la section Find careers like your military job (trouver des carrières comme votre emploi militaire), vous pouvez saisir le nom d'un métier militaire, cliquer sur Find (trouver) et obtenir une liste des équivalents civils allant de la correspondance la plus proche à la plus éloignée. N'oubliez pas : comme la nature et les caractéristiques des métiers militaires peuvent différer entre les FAC et l'armée américaine, cette ressource est d'une utilité limitée.

Des progrès restent à accomplir

Comme vous pouvez le constater, le front universitaire canadien doit poursuivre ses efforts afin de créer un processus de délivrance des titres reconnu à l'échelle nationale pour les militaires des FAC. Pour ce faire, des modèles américains pourraient être examinés et adaptés à la réalité canadienne. Il serait en outre très utile d'approfondir le document sur l'Équivalence des métiers militaires en métiers civils et de l'inclure comme composante de la base de données de Guichet-Emplois (semblable à My Next Move), pour aider les militaires à trouver plus aisément certaines des possibilités de carrière qui s'ouvrent à eux après leur libération.

Voilà qui conclut la section sur la préparation préalable à l'emploi. Nous examinerons maintenant les besoins des conjoints de militaires et les répercussions du mode de vie militaire sur leur avancement professionnel, puis nous ferons des suggestions pour la planification de carrière.

PRINCIPAUX ÉLÉMENTS D'APPRENTISSAGE

* Plusieurs établissements d'enseignement un peu partout au pays offrent des crédits pour l'expérience militaire.

* Des attestations provinciale et territoriale sont offertes aux militaires exerçant un métier spécialisé.

* Le tableau des Groupes professionnels militaires et professions civiles connexes offre des équivalences entre la Classification nationale des professions (CNP) et les codes de groupe professionnel militaire (CGPM). Un autre outil pour déterminer les équivalents civils des emplois militaires est le tableau de l'Équivalence des emplois militaires vers des emplois civils (annexe 1), qui pourrait être davantage développé.

* Aux États-Unis, le site My Next Move for Veterans (offert par O*NET) propose des équivalents d'emplois civils.

* Davantage de ressources canadiennes sur la « délivrance de titres » reliés à l'expérience et aux compétences des militaires sont requises.

LES COUPS DE CŒUR D'YVONNE

*Le tableau sur l'*Équivalence des emplois militaires vers des emplois civils *de l'annexe 1 énumère plus de 350 emplois civils et leurs équivalents militaires.*

La base de données de transfert des crédits militaires *de l'Université du Manitoba permet aux militaires des FAC de saisir leur code de groupe professionnel militaire (CGPM) et leur niveau de formation pour déterminer s'ils sont admissibles à des crédits.*

PARTIE IV:
LA FORCE CONJOINTE

Photo courtousie: Services aux familles des militaires

« ... le soutien efficace des familles est "absolument indispensable" et essentiel pour les Forces canadiennes. »

–Pierre Daigle, Ombudsman des FAC[63]

« Faire preuve de débrouillardise, de souplesse et de ténacité »

Kathleen est la conjointe d'un militaire à la retraite. Il y a seulement deux ans, son mari a été libéré pour raisons médicales après 22 ans de service. Son histoire est l'histoire typique d'une conjointe de militaire affrontant le mieux possible les défis rencontrés au sein des FAC.

« Lorsque j'étais jeune, je me souviens que mon père m'encourageait à m'enrôler dans les FAC. Je n'en avais aucune envie. Je voulais obtenir mon doctorat en sciences de la vie et vivre une vie universitaire », raconte Kathleen.

La vie avait d'autres plans pour elle. Elle a rencontré son futur mari, Bob, alors qu'elle venait de commencer l'université. Il était déjà militaire. Que savait-elle alors de la vie militaire? « Je n'avais aucune idée. Pour être honnête, je n'étais vraiment pas prête. Personne dans ma famille, à ma connaissance, n'avait été dans les FAC. Le frère de l'une de mes meilleures amies était militaire. Tout ce que j'ai appris, elle me l'a enseigné. Un bon emploi, une bonne rente, un bon avenir et des voyages. Alors, je savais que j'allais probablement habiter sur une base et voyager. »

Elle a dû prendre une décision lorsque Bob et elle ont obtenu leurs diplômes : le laisser aller pour de bon et vivre la vie qu'elle avait rêvé, ou le suivre. Elle a décidé de le suivre. « Je savais que le mode de vie militaire serait différent de ce que je connaissais, mais j'ignorais à quel point ce serait différent », raconte Kathleen.

Selon elle, le mode de vie militaire impliquait beaucoup plus de choses que ce que son amie lui en avait dit. Il y avait beaucoup d'avantages et d'inconvénients. Déménager, se faire des amis et visiter presque la totalité du Canada étaient des expériences positives, bien que remplies de défis. Vivre dans des logements familiaux comportait des avantages, mais également des défis. Sans parler de la difficulté d'élever un enfant seule lorsque Bob était appelé par ses obligations. Un autre défi important que Kathleen n'avait jamais prévu était la gestion de sa carrière.

Avant la libération de son mari, Kathleen avait déménagé sept fois. Elle décrit son curriculum vitae comme étant très « coloré », d'une façon positive. « Faire partie de la famille militaire permet de se créer un capital social. Un capital social est un échange social d'information et d'interaction avec une grande variété de personnes que vous rencontrez, de qui vous apprenez et avec qui vous parlez, à divers degrés. J'ai rencontré énormément de personnes au cours des 24 dernières années – ce qui représente beaucoup de transfert d'information et de réseautage. »

Ce capital social l'a aidée à trouver des pistes d'emploi et d'autres ouvertures. Au cours des 24 dernières années, Kathleen, conjointe de militaire typique, a travaillé dans le télémarketing, l'embellissement d'un parcours de golf, des laboratoires, l'enseignement et la vente. Elle a jonglé entre ces emplois éclectiques et un retour aux études, tout en s'occupant de son enfant. Lorsque son mari a été libéré pour raisons médicales, elle a dû quitter son travail pour s'occuper de lui pendant un an, et elle continue de trouver un équilibre entre les soins de son mari et sa vie professionnelle.

« En raison de notre mode de vie militaire, j'ai toujours travaillé à forfait. J'ai essayé de justifier les lacunes et les différents parcours professionnels sur mon curriculum vitae. Les employeurs réagissaient de deux façons lorsque je leur disais que j'étais la conjointe d'un militaire. Soit ils me disaient franchement : "Nous ne pouvons pas vous former et vous perdre. Vous comprenez?", soit ils étaient très heureux de découvrir que je réussissais à équilibrer le travail, la famille et le mode de vie militaire. Ensuite, j'avais la chance de réellement vanter ma résilience, ma souplesse et ma capacité à résoudre des problèmes », relate Kathleen.

Les inconvénients liés aux déménagements et au fait de devoir quitter ses emplois à répétition étaient de ne pas pouvoir planifier ni pousser sa carrière. Kathleen aurait préféré avoir une stratégie afin de s'épanouir et de prospérer au travail, d'obtenir des promotions et de contribuer à une rente. « Le travail que je fais en ce moment est le premier dans lequel je peux contribuer à ma propre rente de retraite », raconte Kathleen.

Ses conseils pour les nouveaux conjoints de militaires concernant les carrières? « S'il vous est possible de faire un travail que vous aimez virtuellement, ou comme entreprise mobile, prenez la peine de l'explorer. Misez sur votre capacité à déménager, à changer d'emploi et à gérer une vie en constante évolution. Déterminez les compétences qui sont transférables. Retravaillez et reformulez votre curriculum vitae en fonction des entrevues. Prenez le temps de trouver les avantages d'être conjoint d'un militaire et discutez-en lors de l'entrevue. Changez la façon dont les employeurs voient ce mode de vie. »

Elle rappelle également aux nouveaux conjoints que tout ce qui touche la progression professionnelle prend un peu plus de temps en raison des déménagements, y compris les études, la formation et le fait de trouver le bon emploi. « Essayez de planifier les choses et de vous préparer en vue des occasions qui pourraient survenir. »

Lorsqu'elle regarde la récente transition de sa famille vers la vie civile, elle confie : « J'étais très effrayée. Après avoir vécu ce mode de vie pendant 22 ans, j'y étais à l'aise ». Mais maintenant : « Il n'y a plus personne pour nous demander de déménager. C'est excitant de savoir que nous pouvons décider de l'endroit où nous allons vivre, et que je peux maintenant dire à mon employeur que je suis ici pour rester ».

Bien que son mari soit libéré, Kathleen fait toujours partie de la famille d'un militaire, et les changements sont bien présents dans sa vie. C'est maintenant elle qui soutient la famille. Son mari est un vétéran qui essaie de composer avec des blessures permanentes et une libération pour raisons médicales. Bien qu'elle puisse finalement gérer sa carrière, Kathleen doit trouver un équilibre entre son travail et les soins à apporter à son mari.

Grâce à sa résilience, à sa souplesse, à sa ténacité et aux encouragements de son mari, Kathleen a réussi à terminer une maîtrise en sciences. Bob et elle ont élevé un jeune de 17 ans bien dans sa peau, qui est sur le point de s'enrôler dans les FAC.

Après 22 ans comme conjointe d'un militaire et deux ans comme conjointe d'un vétéran, elle a finalement un emploi à temps plein et excelle dans sa nouvelle carrière.

CHAPITRE 7

Les besoins professionnels des conjoints de militaires

> + Les réalités de la vie des familles de militaires, et les répercussions sur les conjoints des militaires.
>
> + Aider les conjoints de militaires à surmonter les défis liés à l'emploi et à faire face aux préjugés des employeurs.
>
> + Des choix de carrière transférables.
>
> + Des recommandations pour le travail auprès de conjoints de militaires.
>
> + Les services aux familles des militaires : une ressource précieuse.

CHAPTER CONTENTS

Les personnes qui font leur service en occupant des emplois visant la défense et la protection de nos droits personnels et civils profitent grandement du soutien de leur famille, de leurs mentors, de leurs réseaux de pairs et de leurs fournisseurs de services. Par contre, que savons-nous des membres de la famille, et particulièrement des conjoints civils qui s'acquittent de leurs tâches à la maison alors que leurs bien-aimés sont au service de leur pays?

Les réalités de la vie des familles de militaires

En novembre 2013, l'Ombudsman des FAC, M. Pierre Daigle, a présenté un rapport spécial au ministre de la Défense nationale.[62] Ce rapport a examiné comment se portaient les familles des membres des Forces armées canadiennes. Comme préambule aux résultats du rapport, M. Daigle a fourni d'importantes précisions contextuelles :

- Le Canada participe à des opérations militaires permanentes depuis 1990.

- Cette participation est plus complexe et difficile que les opérations militaires antérieures récentes.

- La durée et la complexité de ce type de participation militaire ont été éprouvantes pour les familles.

- Il y a eu une augmentation du nombre de plaintes en lien avec les familles auprès du MDN et des FAC.

Les recherches de M. Daigle ont porté sur les familles de 370 militaires des FAC actifs et récemment retraités. En général, les résultats indiquent que les familles (1) étaient très fières de contribuer à la mission des FAC et de faire en sorte que leur situation familiale soit harmonieuse malgré les difficultés inhérentes à la vie militaire; et (2) accordent de l'importance aux avantages inhérents à la vie familiale militaire, comme les possibilités de bilinguisme pour leurs enfants et la possibilité de vivre dans différents endroits. Les recherches ont par contre dévoilé que les déménagements et les déploiements entraînaient des perturbations et des pressions importantes au sein des familles.

Trois réalités sont constantes dans la vie des familles de militaires :

1. **Mobilité** : un déménagement tous les trois à cinq ans en moyenne au sein du Canada et à l'étranger et sur lequel elles ont peu ou pas d'influence.

2. **Séparation** : des séparations continuelles ou périodiques liées aux déploiements et à la formation.

3. **Risque** : le fait de vivre avec les dangers inhérents à la formation et au service militaires.

On pourrait alléguer que ces réalités ne sont pas propres aux familles des militaires. C'est vrai. Mais bien que plusieurs autres professions comportent l'un ou plusieurs de ces défis, très peu comportent les trois. En ce qui concerne la séparation et le risque, alors que le partenaire militaire travaille de longues heures, en déploiement ou en formation, son conjoint est la personne responsable de garder l'unité familiale à flot et fonctionnelle. En moyenne, les familles de militaires déménagent trois fois plus souvent que la moyenne des familles canadiennes, ce qui peut exercer une pression supplémentaire sur le conjoint. Les trois réalités combinées entraînent souvent un cheminement professionnel moins conventionnel pour les conjoints de militaires.

La suite du présent chapitre mettra l'accent sur les conjoints des militaires : comment leur perfectionnement professionnel et leurs futurs emplois sont influencés par le mode de vie militaire, et comment les intervenants en développement de carrière peuvent les aider à atténuer certains de ces défis communs liés à l'emploi.

Les conjoints de militaires : caractéristiques et statistiques

Le profil des conjoints de militaires comporte une ou plusieurs de ces caractéristiques :

- Les conjoints de militaires sont un groupe talentueux d'individus. En raison de la nature du mode de vie militaire, les conjoints développent des qualités et des compétences qui sont très appréciées des employés : résolution de problème, souplesse, adaptabilité, pensée critique, organisation, résilience, gestion de projet, créativité et leadership.

- Les conjoints de militaires sont régulièrement confrontés à des défis pour trouver un emploi et faire progresser leur carrière, ce qui entraîne souvent des périodes de chômage ou de sous-emploi.

- Les déménagements fréquents peuvent limiter les occasions de formation professionnelle continue et rendre difficile l'accumulation d'ancienneté au travail.

- Lorsque les occasions se font rares, particulièrement au sein des communautés militaires éloignées, les conjoints de militaires acceptent souvent des emplois qui sont en deçà de leur niveau de compétence et d'études, limitant du même coup leur croissance et leur développement professionnel.

- Les conjoints de militaires font preuve d'une incroyable débrouillardise en recherchant des formations professionnelles continues ou des expériences de bénévolat en l'absence postes vacants.

- En moyenne, les conjoints de militaires gagnent 20 p. cent de moins que leurs homologues civils[63]

- Lorsque le partenaire militaire est absent en raison d'un déploiement ou d'une formation, le conjoint doit assumer davantage de responsabilités à la maison, ce qui peut avoir des répercussions négatives sur son propre développement professionnel.

- Plusieurs conjoints ne connaissent pas la valeur de leurs compétences, ni comment communiquer ce qu'ils ont à offrir aux employeurs.

- Les conjoints des militaires sont courageux et déterminés à dépasser les attentes. Ils sont connus pour avoir une attitude positive et gagnante.

Il y a 61 500 conjoints de militaires dans l'ensemble du Canada.

- 73 p. cent des conjoints de militaires ont de 25 à 44 ans[64]
- 13 p. cent sont des hommes;
- 77 p. cent ont l'anglais comme langue maternelle;
- 23 p. cent ont le français comme langue maternelle;
- 62 p. cent possèdent un diplôme d'études postsecondaires ou un grade universitaire;[65]
- 82 p. cent vivent dans des communautés civiles;[66]
- 64 p. cent sont des conjoints de militaires de la Force régulière;
- 36 p. cent sont des conjoints de militaires de la Force de réserve.

Nous avons également quelques détails sur la nature des emplois des conjoints de militaires:[67]

- 6,1 p. cent sont des travailleurs autonomes;
- 8,2 p. cent sont des gestionnaires;
- 9,4 p. cent travaillent au détail;
- 24,1 p. cent occupent des postes administratifs ou de bureau;
- 31,1 p. cent sont des professionnels;
- 21,1 p. cent travaillent dans d'autres domaines.

Ces statistiques nous démontrent que les conjoints des militaires sont des personnes éduquées, travaillantes, souples, mobiles, diversifiées et dans la fleur de l'âge.

Obstacles à l'emploi des conjoints de militaires

Faisons un petit résumé des obstacles à l'emploi rencontrés par les conjoints de militaires. Dans l'ensemble, ce groupe est confronté à plusieurs obstacles à l'emploi : difficulté à poursuivre leur carrière ou à trouver et à conserver un emploi; ne pas être pris en considération pour l'obtention de promotion en raison de leurs antécédents professionnels inconstants ou de courte durée; incapacité à acquérir de l'ancienneté en raison des déménagements fréquents; voir leur formation ou leur perfectionnement professionnel entravé en raison de l'emplacement; possibilités d'emploi limitées lors d'une affectation dans de petites communautés ou des collectivités rurales. De tels obstacles n'affectent pas seulement l'avancement professionnel du conjoint, mais également la stabilité financière des familles.

La deuxième phase d'un projet entrepris par le Directeur général – Recherche et analyse (Personnel militaire) a permis d'examiner la situation d'emploi et les revenus des conjointes de militaires comparativement à ceux des conjointes de policiers, de fonctionnaires fédéraux et d'autres civils.[68] Les principaux résultats de ce projet sont les suivants :

- Les conjointes des militaires avaient moins de chance d'être employées que les conjointes des policiers, des fonctionnaires fédéraux et d'autres civils;

- Les conjointes des officiers avaient moins de chance d'être employées que les conjointes des militaires du rang;

- Les conjointes des militaires gagnaient moins d'argent que les conjointes des civils, des policiers et des fonctionnaires;

- Les conjointes des militaires du rang gagnaient moins d'argent, en moyenne, que les conjointes des officiers.

Le rapport final du projet a dévoilé qu'aux yeux des conjoints des militaires, le facteur principal les incitant à travailler était de « payer les factures, boucler le budget ».

Un article de Radio-Canada qui cite un rapport de Statistique Canada sur les changements familiaux depuis 1976 note que « peu de familles canadiennes peuvent se permettre de vivre avec un seul revenu comme plusieurs le faisaient en 1976. »[69] De plus, le rapport a découvert que 75 p. cent des familles avaient deux salariés travaillant à temps plein en 2014, comparativementé à 66 p. cent en 1976. Cela indique que, pour la majorité des familles biparentales, les deux parents doivent travailler à l'extérieur de la maison pour être à l'aise financièrement.

Alors, comment pouvons-nous aider les conjoints de militaires dont les occasions d'être rémunérés sont particulièrement affectées par le mode de vie militaire?

Surmonter les obstacles à l'emplo

Les conjoints peuvent faire preuve de créativité afin de réduire la nécessité de recommencer leur carrière à chaque déménagement. Les intervenants en développement de carrière peuvent encourager les conjoints à sortir des sentiers battus et à explorer de façon stratégique des carrières qui pourraient les satisfaire tout au long de la vie militaire et au-delà. Pamela McBride et Lori Cleymans offrent quelques suggestions utiles :[70]

1. **Créer une grille de carrière :** une grille symbolise bien un parcours professionnel qui reconnaît la valeur d'une personne ayant une variété d'expériences (bénévolat, études, formation, emplois, entrepreneuriat, etc.). D'un point de vue général, comment ces expériences démontrent-elles la valeur d'une personne aux yeux d'un employeur? C'est ici que les intervenants en développement de carrière peuvent aider les conjoints de militaires à évaluer leur panoplie d'expériences et à créer un parcours professionnel qui les mènera de façon stratégique vers un travail plus satisfaisant.

2. **Accroître la possibilité de faire valoir ses compétences à chaque déménagement :** chaque nouveau déménagement, chaque nouvel emploi ou nouvelle occasion de bénévolat, chaque nouvelle formation ou initiative scolaire offre des occasions de renforcer ses compétences. Les intervenants en développement de carrière peuvent contribuer à étayer ces renseignements en posant des questions – Quelles tâches aviez-vous la responsabilité d'accomplir? Quelles étaient les tâches pour

lesquelles vous étiez la personne-ressource? –
et aider les conjoints à se servir de leurs réponses
pour créer de solides énoncés des réalisations. Les
intervenants en développement de carrière peuvent
également aider les conjoints à établir des objectifs
professionnels à court et à long terme, et ce, en les
encourageant à documenter les compétences acquises
au fil des diverses expériences afin que chaque nouveau
déménagement puisse être considéré dans l'optique
d'un perfectionnement stratégique des compétences.

3. **Comprendre la portée des occasions de
   perfectionnement professionnel :** il est épuisant d'avoir
   à chercher du travail à répétition. Parfois, aucun emploi
   n'est offert. Plutôt que de baisser les bras, les conjoints
   de militaires peuvent explorer des façons de poursuivre
   leur carrière grâce aux études et à la formation.
   Les intervenants en développement de carrière qui
   connaissent les carrières ou les compétences en demande
   peuvent aider leurs clients à prendre des décisions
   éclairées quant aux occasions de formation professionnelle
   continue susceptibles de maximiser leurs chances de
   poursuivre une carrière durable et transférable.

4. **Apprendre le langage du marché du travail :**
   « chercher » est probablement l'un des mots les plus
   détestés dans la planification d'une carrière. C'est
   particulièrement difficile à faire pour le conjoint
   qui peine déjà à trouver un équilibre entre ses
   responsabilités familiales et personnelles. Qu'elles soient
   frustrantes ou non, les recherches sont essentielles.

Les intervenants en développement de carrière peuvent travailler avec les conjoints afin de mettre les activités de recherche en ordre de priorité et de leur rappeler de se concentrer sur une chose à la fois.

5. **Créer un portfolio professionnel et documenter ses réalisations :** en montant et en entretenant un portfolio professionnel où seront conservés ses curriculum vitae, ses lettres de recommandation, ses relevés de notes, ses certificats ou licences, ses récompenses, ses affiliations, ses descriptions d'emploi, ses expériences de bénévolat et même ses évaluations du rendement, les conjoints de militaires accéderont plus facilement à ces renseignements, au besoin. De plus, le fait de créer une liste des compétences transférables avec énoncés à l'appui aidera le conjoint à formuler aux employeurs comment ces compétences correspondent à leurs besoins.

6. **Utiliser les médias sociaux pour créer des réseaux :** une présence professionnelle sur les médias sociaux est recommandée à tous les chercheurs d'emploi sérieux. Par exemple, un profil sur LinkedIn peut mettre en évidence des qualifications, des témoignages, des domaines d'expertise, des affiliations professionnelles et des réalisations. De plus, les médias sociaux pour professionnels offrent beaucoup d'occasions d'accroître son réseau personnel et de demander conseil, au besoin. Il existe des groupes de recherche d'emploi destinés aux conjoints de militaires sur LinkedIn et Facebook.

7. **Adhérer aux réseaux des conjoints de militaires :**
les conjoints de militaires sont très loyaux les uns
envers les autres et partagent régulièrement des
renseignements au sujet de possibilités d'emploi.

Les expressions « transformer des citrons en limonade » ou « si
vous ne pouvez pas changer vos circonstances, changez votre
perspective » sont très appropriées dans cette discussion sur
la façon de surmonter des défis.

Et si les conjoints de militaires envisageaient des carrières
« transférables » ou flexibles? Et le télétravail? Et une
entreprise à domicile? Ce sont d'excellentes idées que nous
examinerons ci-après, mais soyons francs : certaines carrières
ne sont simplement pas transférables.

Même pour les carrières qui semblent être transférables (in-
firmière, enseignant, pharmacien, médecin, travailleur social,
etc.), transférer des titres peut être un problème lorsque les
permis d'exercice sont gérés par la province ou le territoire.
Cela étant dit, l'Accord sur le commerce intérieur (ACI) inter-
gouvernemental garantit que les travailleurs autorisés d'une
profession réglementée dans une province ou un territoire
peuvent, à leur demande, être autorisés dans cette profession
partout au Canada sans formation, expérience ou évaluation
supplémentaires. Mais voilà : selon le cadre de travail actuel,
les provinces peuvent imposer des exceptions pour certains
métiers ou groupes professionnels, annulant donc l'esprit de
l'ACI. Voici un exemple : à ce jour, 12 provinces et territoires
ont imposé un total de 43 exceptions visant plusieurs groupes
professionnels (hygiénistes dentaires, denturologistes, opéra-
teurs de réseaux d'eau potable, avocats, infirmières auxiliaires

autorisées, technologues en radio médicale, sages-femmes, infirmières praticiennes, ambulanciers paramédicaux, podiatres, psychologues, officiers du code de sécurité, travailleurs sociaux, foreurs de puits d'eau).

Voilà qui illustre bien comment l'obtention d'un permis peut être problématique et frustrante pour un conjoint de militaire apte à pratiquer dans l'un des groupes identifiés et susceptible de déménager d'une province à l'autre tous les deux ou trois ans.[71]

D'autres carrières, comme la vente, peuvent offrir une certaine souplesse, mais se caractérisent souvent par une imprévisibilité financière.

En réalité, il arrive que les emplois que nos clients désirent ne soient simplement pas disponibles. Lorsque c'est le cas, et une fois qu'ils acceptent la réalité, nous pouvons souvent les orienter dans une nouvelle direction.

- Travaillez autrement. Voyez le travail sous un œil différent. Est-ce qu'il doit toujours être fait dans un environnement traditionnel?

- Aidez les clients à tirer avantage des technologies et des médias sociaux pour créer des occasions. Si votre client est enseignant ou conseiller et qu'il n'y a aucun emploi local, pourrait-il enseigner, faire du tutorat ou conseiller en ligne?

- Encouragez les clients à formuler ce dont ils ont besoin. C'est ce qu'a fait une épouse, lorsqu'elle a appris que sa famille allait être affectée ailleurs. Elle a présenté son cas à son employeur, lui démontrant comment elle pouvait continuer à faire le même travail à partir de la maison. Elle a anticipé toutes les inquiétudes de son employeur et y a répondu, tout en lui montrant de quelle manière sa solution lui ferait économiser de l'argent. Bien que cette situation fût nouvelle pour l'entreprise, sa demande a été acceptée. Elle a même reçu une promotion tout en travaillant de la maison.

Parfois un changement de perspective suffit pour permettre à nos clients de progresser dans une nouvelle direction.

Pour les conjoints de militaires extravertis, travailler dans la vente directe – des couteaux aux cosmétiques, en passant par les bougies et les assurances – offre d'excellentes occasions de tisser des liens avec des gens dans chaque nouvelle communauté.

Sortir des sentiers battus :
des choix de carrière transférables

Revenons-en à l'idée des carrières transférables. Nous pouvons aider les conjoints qui en ont assez d'avoir à s'inquiéter de trouver un emploi chaque fois qu'ils déménagent en les encourageant à explorer des carrières que j'ai qualifiées d'« universelles ». En voici quelques exemples courants :

- Conseiller;
- Adjoint de bureau virtuel : saisie de données, administration/soutien de bureau, tenue de livres, recherches, traitement de texte;
- Ventes directes;
- Tuteur ou enseignant en ligne;
- Service de garde en milieu familial (ou camp de jour ou service de garde après l'école);
- Rédacteur/réviseur/traducteur;
- Concepteur graphique;
- Entraîneur/instructeur de yoga;
- Soins des animaux – promeneur de chiens, gardien d'animaux de compagnie;
- Traiteur à la maison;
- Collecteur de fonds par téléphone;
- Client mystère;
- Préposé rémunéré aux sondages;
- Blogueur;
- Représentant d'un centre d'appels.

Les intervenants en développement de carrière et les chercheurs d'emploi peuvent explorer plus de possibilités de travail à domicile en examinant le projet Véritables possibilités de travail à domicile de l'Institut canadien d'éducation et de recherche en orientation, accessible en ligne au ceric.ca/fr/project/veritables-possibilites-de-travail-a-domicile/. Plusieurs moteurs de recherche d'emploi comme Indeed ou Monster peuvent également inclure des choix de carrière à domicile. En faisant preuve de diligence raisonnable, il est possible de repérer les tromperies, de trouver les occasions légitimes et de prendre le contrôle de sa destinée professionnelle.

Faire face aux préjugés des employeurs lors d'une entrevue

Nous avons déjà présenté les multiples compétences que les conjoints de militaires possèdent en raison de leur mode de vie militaire : adaptabilité, souplesse, résolution de problème, créativité et ainsi de suite. Ce que cette étude nous dévoile aussi, c'est que plusieurs d'entre eux ne reconnaissent pas ces compétences, ou ne savent pas comment les communiquer à un employeur potentiel. Pour les conjoints de militaires à la recherche d'un emploi traditionnel, la clé du succès est la préparation.

Par exemple, comment pouvons-nous équiper les conjoints pour faire face aux « problèmes » que les employeurs pourraient envisager sans les formuler? Voici quatre questions que les employeurs pourraient se poser au sujet de votre client :

1. Pourquoi avez-vous eu autant de changements d'emploi ou des emplois sans lien avec vos études ou votre formation?

2. Pourquoi avez-vous autant d'expériences comme bénévole ou de formations continues?

3. Pourquoi votre curriculum vitae est-il dans un format fonctionnel et non chronologique?

4. Pourquoi devrais-je me donner la peine de vous embaucher? Vous nous quitterez dans quelques mois.

À l'aide de certains éléments de l'accompagnement axé sur l'espoir, nous pouvons aider les conjoints de militaires à planifier des réponses pour faire face aux préjugés qui se cachent derrière de telles questions. Regardons certaines réponses possibles d'une cliente fictive, Marie-Jeanne Unetelle. Vous trouverez son curriculum vitae dans les **pages 189-191**. Remarquez que Marie-Jeanne a un trou dans son expérience professionnelle, ainsi que des expériences de formation continue et de bénévolat. À noter également qu'elle a occupé divers postes pendant de courtes périodes (de 1 à 2 ans). Le parcours de Marie-Jeanne illustre la façon dont le mode de vie militaire peut avoir des répercussions sur les antécédents professionnels d'un conjoint de militaire.

Préjugé no 1 de l'employeur : en examinant le curriculum vitae d'un conjoint de militaire qui a occupé plusieurs emplois à court terme, des emplois non liés à ses études ou sa formation, ou des emplois de débutant, un employeur pourrait présumer que le candidat n'a pas d'ambition, ou encore qu'il est paresseux, non productif ou peu fiable.

Faire face au préjugé no 1 de l'employeur : à l'aide de simulations d'entrevues, les intervenants en développement de carrière peuvent aider les clients à apprendre comment expliquer ces lacunes apparentes tout en mettant l'accent sur le fait que, malgré les défis, ils ont été en mesure d'acquérir des compétences. Une réponse possible pour une personne comme Marie-Jeanne pourrait être : « Chaque déménagement signifie la recherche d'un nouvel emploi. Effectuer des recherches sur le marché pour trouver les postes disponibles dans ma nouvelle communauté, faire du réseautage, sortir de ma zone de confort, faire ce qu'il faut pour faire progresser mon développement professionnel et répondre à nos besoins financiers. Parfois, le travail disponible est différent de la formation que j'ai reçue, offre un salaire inférieur ou est de nature contractuelle. Dans chacun de ces emplois, je me suis assurée de contribuer à l'organisation à part entière sans miner les ressources. Mes employeurs précédents peuvent témoigner de ma fiabilité, de mon sens des responsabilités et de ma forte éthique du travail. »

Préjugé no 2 de l'employeur : un employeur qui examine un curriculum vitae renfermant une quantité d'expériences de bénévolat ou de formations continues plus élevée que la normale pourrait se demander si le conjoint souhaite sérieusement travailler.

Faire face au préjugé no 2 de l'employeur : voici une réponse possible : « Dans plusieurs endroits où mon conjoint a été affecté, il n'y avait aucun emploi disponible. Étant donné que j'ai créé un plan stratégique pour développer ma carrière, j'ai déterminé que dans les situations où je ne pouvais pas trouver d'emploi rémunéré, je chercherais plutôt des occasions particulières de bénévolat ou de formation qui m'aideraient à développer des compétences conformes à mon plan stratégique. Je privilégie la débrouillardise et maximise les occasions qui se présentent à moi plutôt que de rechigner sur les choses que je ne peux pas changer. » Quel employeur ne serait pas impressionné!

Préjugé no 3 de l'employeur : un candidat qui fait parvenir un curriculum vitae fonctionnel plutôt que chronologique doit cacher quelque chose.

Faire face au préjugé no 3 de l'employeur : voici une réponse possible : « J'ai choisi un format de curriculum vitae non chronologique pour faire valoir mon expérience. Chaque occasion d'emploi m'a permis d'apprendre quelque chose de différent. Les tâches étaient peut-être semblables, mais la façon dont je devais travailler ou les gens avec qui je devais travailler ne l'étaient pas, alors je devais constamment changer mon approche ou mes méthodes pour accomplir mon travail. Je voulais partager la grande gamme de compétences que je possède et qui pourraient aider une organisation à atteindre ses objectifs. La durée d'un emploi n'est pas nécessairement synonyme d'efficacité. Je suis une personne très travaillante. Je peux facilement trouver des solutions créatives, j'ai géré de façon efficace tous nos déménagements et utilisé mon jugement critique pour chaque nouveau défi rencontré lors de nos affectations. Ce sont des qualités que je peux offrir dans cet emploi. »

Préjugé de l'employeur no 4 : les familles des militaires se déplacent constamment. Il n'est pas logique d'embaucher le conjoint d'un militaire ni d'investir dans sa formation. Il sera parti avant que je puisse récolter les fruits de mon investissement.

Faire face au préjugé no 4 de l'employeur : la réalité est que la durée normale d'une affectation militaire varie de 3 à 5 ans (ces chiffres peuvent varier selon les circonstances). En 2011, 20 p. cent des familles de militaires interrogées occupaient leur emplacement actuel depuis 3 à 5 ans, et 30 p. cent occupaient leur emplacement actuel depuis plus de 5 ans.[72] Alors, même si la mobilité est une caractéristique du mode de vie militaire, la fréquence des déménagements varie d'un militaire à l'autre.

Défendre les intérêts des conjoints de militaires, avec les conjoints de militaires

Les exemples de réponses ci-dessus visent à illustrer le rôle critique que les conjoints de militaires peuvent jouer pour façonner leurs propres destinées professionnelles. Les intervenants en développement de carrière peuvent leur enseigner comment défendre leurs intérêts et comment considérer leur expérience dans une optique qui met en relief leurs forces. Leur capacité d'adaptation, leur résilience et leur courage ne devraient pas être tenus pour acquis, par eux ni par quiconque.

Bien sûr, le fait de sensibiliser les employeurs au sujet de la composante « conjointe » du mode de vie militaire et de ses répercussions sur le développement professionnel contribuera à atténuer les préjugés et les idées fausses. Puis, pour bien cerner ce que le candidat peut offrir, l'employeur peut poser des questions d'entrevue axées sur le comportement ou la situation, mettre l'accent sur les forces du candidat plutôt que sur ses antécédents, et ne pas porter de jugement sur les raisons qui ont mené le candidat à changer de travail.

Katie Ochin, gestionnaire du programme d'emploi et d'entrepreneuriat au sein des Services aux familles des militaires des FAC, résume comme suit les recommandations à l'endroit des intervenants en développement de carrière qui travaillent avec des conjoints de militaires :

- Les conjoints de militaires sont résilients et forts, et ils s'adaptent facilement, mais ils pourraient avoir besoin d'aide pour faire valoir ces forces dans leurs demandes d'emploi. Leur faire faire un exercice pour répertorier leurs compétences pourrait être efficace.

- Encouragez les conjoints de militaires à explorer des possibilités d'emploi mobiles ou en télétravail.

- Encouragez les conjoints de militaires à explorer les formations et le perfectionnement en ligne.

- Examinez les réponses des conjoints de militaires aux principales questions d'entrevue, et collaborez avec eux pour déterminer de quelle façon des antécédents d'emploi non orthodoxes peuvent être présentés en mettant l'accent sur les forces.

- Enseignez aux conjoints de militaires à défendre leurs intérêts et les compétences qu'ils apportent sur le marché de l'emploi.

En plus de payer les factures et de couvrir les dépenses courantes, les conjoints de militaires désirent s'épanouir sur le plan personnel, maintenir leurs compétences et leur carrière, et se sentir indépendants. Ils sont motivés à travailler et savent comment travailler très fort. Ils le font depuis très longtemps.

✳ ✳ ✳

Services aux familles des militaires : un réseau de soutien

Les Services aux familles des militaires (SFM) regroupent un vaste réseau de ressources et de services destinés aux familles des militaires. Des trousses d'outils aux partenariats, les SFM procurent aux familles de membres des FAC un accès à des professionnels compétents, des occasions de réseautage, des formations à l'emploi et d'autres services conçus pour répondre à leurs besoins.

Dans le domaine de l'employabilité des conjoints civils, les SFM travaillent à différentes initiatives pour mieux sensibiliser les employeurs et les encourager à embaucher des conjoints de militaires. Par exemple, à l'automne 2015, les SFM et la Compagnie Canada ont lancé le Programme d'aide à la transition de carrière (PAT) pour les conjoints, qui a été conçu sur le modèle du Programme d'aide à la transition de carrière pour les militaires. Ce programme permet aux conjoints participants de se joindre à un réseau national d'employeurs favorables aux conjoints de militaires qui comprennent les forces inhérentes de ces travailleurs et sont ouverts à l'idée d'explorer des possibilités d'emploi flexibles et des transferts internes lorsque les conjoints déménagent en raison d'une affectation du partenaire militaire.

Visitez le site Web des SFM, www.forcedelafamille.ca, afin d'obtenir des renseignements à jour ainsi que l'emplacement des Centres de ressources pour les familles des militaires. Consultez le chapitre 8, Santé et bien-être, pour obtenir des exemples de services offerts par les SFM et les Centres de ressources pour les familles des militaires.

Example de curriculum vitae

Marie-Jeanne Unetelle

123, rue Principale, Ottawa (Ontario) K1Z 5Z0

mjeanne_unetelle@gmail.com • (613) 888-1234

RÉSUMÉ DES QUALIFICATIONS

- **Expertise en vente et marketing** – Formation professionnelle en marketing et en analyse du marketing; participation à des salons professionnels de l'industrie; conception de matériel publicitaire
- **Expérience approfondie en gestion des ventes** – 5 ans d'expérience en gestion des ventes au sein du secteur privé; compétence en planification stratégique des ventes et en gestion stratégique des employés
- **Compétences solides en analyse et en résolution de problème** – Aptitude à analyser une situation et à aborder les obstacles avec calme et professionnalisme
- **Aptitude supérieure à mener et à travailler en équipe** – Capacité inhérente à diriger, capacité confirmée à favoriser un environnement de travail positif, souplesse à l'égard des besoins de ses collègues
- **Employée déterminée et flexible** – Capacité à s'ajuster constamment aux changements d'un environnement dynamique; une éthique de travail exceptionnelle et une volonté de réussir

ÉTUDES

Diplôme d'enseignement supérieur en gestion	2014–2015
Université d'Athabasca, formation à distance	

Baccalauréat en commerce	2002–2006
Université Carleton, Ottawa (Ontario)	

- Spécialisation en marketing avec très grande distinction
- Thèse de premier cycle : « Les changements comportementaux des consommateurs canadiens parmi la génération Y et la génération X »

EXPÉRIENCE PROFESSIONNELLE

Agente des comptes	2012–2014
ABC Presse, Fredericton (Nouveau-Brunswick)	

- Supervisé un petit groupe de coordinateurs des comptes clients et effectué des formations en équipe
- Réagi aux demandes des clients de l'entreprise et mené l'examen annuel des clients
- Contribué à l'élaboration et à la mise en œuvre d'une stratégie de marketing divisionnaire; participé à des salons professionnels de l'industrie et conçu la brochure d'un nouveau client
- Élaboré un nouveau programme de recommandation qui a rapporté plus de 200 000 $ en nouvelles transactions au cours de sa première année de mise en œuvre

Example de curriculum vitae

Marie-Jeanne Untelle – Page 2

Directrice de magasin   2011–2012
L'Entrepôt Dépôt, Suffield (Alberta)

- Recruté, formé et géré un groupe de 10 employés
- Élaboré un programme incitatif qui a permis d'augmenter les ventes de 20 p. cent en six mois
- Supervisé la gestion de l'inventaire et assuré la liaison avec les fournisseurs de produits afin de garantir une livraison efficace et des produits de qualité supérieure
- Gagné le prix de la « Gérante de l'année » en 2011 du siège social de L'Entrepôt Dépôt Canada pour l'amélioration du moral des employés et l'accroissement du niveau des ventes du magasin en général

Représentante de commerce   2009
CANEX, Suffield (Alberta)

- Opéré la caisse enregistreuse et le terminal de loterie; maintenu et balancé les volants de liquidité quotidiens
- Répondu aux demandes de la clientèle et géré mensuellement l'inventaire
- Préparé les étalages en magasin, approvisionné les tablettes et exécuté des travaux d'entretien
- Effectué les dépôts bancaires quotidiens, ainsi que l'ouverture et la fermeture du magasin

Coordonnatrice du marketing et des événements   2006–2008
Amuse-toi, Kingston (Ontario)

- Organisé la logistique et la publicité d'événements organisationnels, y compris les relations publiques et la conception publicitaire et du matériel auxiliaire
- Géré l'organisation et représenté l'entreprise lors de salons professionnels, de conférences et de séminaires
- Mené à bien l'initiative annuelle de marketing par courriel de l'entreprise, qui a augmenté l'achalandage de 15 p. cent
- Cogéré un budget de marketing annuel de 250 000 $; mis en œuvre des solutions économiques qui ont entraîné un surplus budgétaire

EXPÉRIENCE DE BÉNÉVOLAT

Cheftaine d'un groupe de Guides   2009–2011

- Planifié et mis en œuvre des activités hebdomadaires et des jeux pour un large groupe
- Coordonné quatre chefs d'équipe adultes et bénévoles
- Effectué la liaison auprès des parents et des tuteurs au sujet d'événements spéciaux à venir
- Fait état des finances du groupe et du nombre de participants au quartier général canadien

Example de curriculum vitae

Marie-Jeanne Untelle – Page 3

EXPÉRIENCE DE BÉNÉVOLAT (SUITE)

Coordonnatrice des événements spéciaux   **2008–2010**
Centre de ressources pour les familles des militaires, Kingston (Ontario)

- Bénévole au Centre, 15 heures par semaine
- Présidente du comité des événements spéciaux; planifié et organisé deux activités de financement annuel de grande envergure qui ont permis d'amasser plus de 100 000 $
- Recruté, motivé et supervisé un groupe de plus de 30 bénévoles

PROFIL LINGUISTIQUE

- Capacité de parler, de lire et d'écrire en français et en anglais

COMPÉTENCES TECHNIQUES

- Compétences avec Microsoft Office, la gestion de bases de données (Oracle, SAP et Access), Adobe Pro et Photoshop
- Connaissances générales pour créer et maintenir des sites Web à l'aide du langage HTML
- Expérience dans l'utilisation des médias sociaux à des fins professionnelles : Facebook, Twitter, LinkedIn et Instagram

* La vie des familles de militaires est perturbée plus souvent que celle de la majorité des familles civiles.

* Les conjoints de militaires sont diversifiés, éduqués et travaillants, et ils s'adaptent facilement.

* Les conjoints de militaires font face à des défis uniques liés à l'emploi.

* Les conjoints peuvent considérer des choix de carrière transférables.

* Les familles et autres sources de soutien sont très importantes pour contribuer à la transition des militaires. Les Services aux familles des militaires peuvent être utiles.

PARTIE V :
PROGRAMMES ET
RESSOURCES

Photo courtousie: Caméra de combat des Forces canadiennes, MND

« Lorsque nous donnons avec joie et recevons avec gratitude, nous sommes tous bénis. » [traduction libre]

—Maya Angelou, auteure et poète[73]

« Ne fermez aucune porte »

Le sergent McCoy, dans l'infanterie, est un membre de la Force de réserve des FAC qui occupe des postes à temps partiel et à temps plein depuis 10 ans, et ça continue.

Il s'est enrôlé après l'école secondaire « parce que je désirais apprendre à me défendre et à protéger ceux que j'aime ». Une fois qu'il s'est rendu compte que la formation comportait la manipulation d'armes et d'équipement, McCoy était accro.

McCoy est toujours un membre de la Force de réserve. « Je n'ai pas complètement quitté le service, j'ai simplement énormément réduit le nombre d'heures, comparé à avant. »

Et comment se compare le travail à l'extérieur à celui au sein des FAC? « Ce dont je m'ennuie le plus, et de loin, c'est la camaraderie au sein des FAC. Ça se résume à l'esprit d'équipe et aux liens d'amitié qui se sont créés au cours des moments incroyablement stressants et difficiles que nous vivons habituellement pendant les entraînements et les déploiements, et qui entraînent un réel sentiment d'appartenance et de soutien par les pairs. »

Bien qu'une telle camaraderie existe dans le monde civil, McCoy soutient que « les liens d'amitié et de proximité que j'ai établi pendant mon service dans les FAC seront toujours les plus forts et les plus durables ».

Aujourd'hui, McCoy travaille comme directeur des ventes internationales pour un fabricant canadien d'équipement électro-optique. Dans son emploi actuel, il est responsable de toutes les activités commerciales de l'entreprise au Canada, en Europe de l'Ouest, en Australie et dans les Caraïbes.

À propos de ce qui l'a aidé lorsqu'il a réduit son engagement militaire, McCoy déclare : « Mes antécédents militaires étaient un gros avantage lorsque j'ai été embauché par mon employeur actuel, car je connaissais l'équipement qu'il fabriquait. J'avais une expérience sur le terrain pour avoir utilisé la majorité de l'équipement que nous fabriquons, ce qui était à mon avantage lorsque j'expliquais son fonctionnement et son utilité à nos clients et aux consommateurs. Mes antécédents m'ont également fourni plusieurs contacts clés qui m'ont aidé à bâtir mon réseau d'agents à l'international, et à établir des liens avec des militaires de haut rang au Canada et à l'étranger. »

Quels étaient ses plus grands défis?

« La plus grande adaptation dans ce changement de carrière est que je travaille maintenant principalement pour moi-même, avec peu de supervision de notre équipe de direction. Bien que j'aie toutes les ressources pour accomplir mon travail, il y a moins d'encadrement que dans mon expérience des FAC. Autrement dit, si une personne a des problèmes, on s'attend à ce qu'elle les signale d'elle-même, sans attendre un examen de son rendement. »

Une autre adaptation pour McCoy :

« Je ne gère pas réellement de personnes au sein de l'entreprise. Bien que je gère nos agents internationaux, ils ne sont pas des employés de notre firme alors j'ai un contrôle limité sur leurs actions. Ça m'a forcé à trouver des solutions de rechange pour leur faire respecter nos politiques d'entreprise, mais ça fait en sorte que mon travail n'est jamais ennuyeux ni trop répétitif. »

Le conseil de McCoy pour une personne qui s'apprête à faire une transition vers le marché du travail civil comporte deux volets : faire l'inventaire de ses contacts et tirer avantage de toutes ses relations.

« Je n'ai pas eu de succès du tout en envoyant mon curriculum vitae. J'ai découvert que les placements réussis ne viennent pas d'un appel à froid ou de l'envoi d'un curriculum vitae à l'aveuglette, mais plutôt de quelqu'un qui connaît quelqu'un qui désire embaucher un ancien militaire.

Alors que de plus en plus d'employeurs réalisent le potentiel que les anciens militaires peuvent apporter à leur organisation, il est important d'informer tous vos contacts que vous êtes activement à la recherche d'un emploi, ainsi que la direction que vous voulez prendre dans votre recherche d'emploi.

Il est impossible de savoir d'où vous parviendra votre prochaine occasion, alors mieux vaut ne fermer aucune porte le plus longtemps possible. »

CHAPITRE 8

Services, programmes et ressources

Bien que l'information au sujet des programmes et des ressources soit intégrée aux chapitres pertinents tout au long du présent guide, vous trouvez ici une liste plus détaillée des fournisseurs de services militaires et civils au Canada, et des domaines de spécialité. N'oubliez pas que cette liste n'est ni complète ni exhaustive. Des organisations qui font un excellent travail au nom des militaires et des vétérans des FAC pourraient avoir été oubliées. Voilà une raison supplémentaire de fréquenter un forum où les professionnels de la carrière peuvent partager des ressources, des outils, des pratiques exemplaires, des apprentissages et des connaissances.

Emplois

Cette liste inclut des organisations qui sont vouées à aider les militaires en transition et les vétérans des FAC à se préparer et à trouver un emploi.

La Compagnie Canada
[www.canadacompany.ca]

Il s'agit d'un organisme de bienfaisance national qui rassemble les hauts dirigeants de la communauté et des entreprises dans le but de soutenir les troupes canadiennes dans leur transition après leur départ des FAC. Dirige le Programme d'aide à la transition de carrière (PAT) pour les militaires, lequel aide les militaires, les vétérans et les conjoints de militaires à effectuer une transition vers les carrières du secteur privé. La Compagnie Canada possède également un groupe privé sur LinkedIn. Le groupe Military Employment Transition est ouvert aux participants et aux employeurs du programme PAT : www.linkedin.com/grp/home?gid=8133739.

Services de transition des FAC
[www.forces.gc.ca/fr/communaute-fac-services-soutien/fac-services-de-transition.page]

Offre de l'aide pour les secondes carrières : des ateliers sur la transition d'une carrière, un programme de formation professionnelle destiné aux militaires actifs, un aiguillage vers des sources d'emploi au sein de la fonction publique du gouvernement fédéral, et le Programme d'aide à la transition de carrière pour les militaires qu'offre la Compagnie Canada. Ils publient *Le Guide sur les prestations, les programmes et les*

services à l'intention des membres actifs et retraités des Forces armées canadiennes et de leur famille :
[www.forces.gc.ca/assets/FORCES_Internet/docs/fr/ communaute-fac-avantages-malades-blesses-decedes/ guide-fr.pdf]

Corps canadien des Commissionnaires (CCC)
[www.commissionaires.ca/fr/national/accueil]

Il s'agit d'une entreprise privée canadienne à but non lucratif qui embauche plus de 20 000 personnes dans des postes de sécurité et de protection aux quatre coins du pays. Aux entreprises, elle offre des services d'agents de sécurité, d'experts-conseils en sécurité, d'enquêtes et de soutien aux activités policières. Aux individus, elle propose des services d'empreintes digitales, de vérification des antécédents criminels, de suspension du casier (pardon), de levée d'interdiction d'entrée aux États-Unis, de protection, et bien plus encore. Le Corps canadien des Commissionnaires et l'un des plus gros employeurs de vétérans canadiens.

Programme de stages d'Avantage Carrière à l'intention des réservistes
[www.careeredge.ca/fr/les-chercheurs-demploi/ reservistesfac]

Ce nouveau programme récemment annoncé par le gouvernement fédéral « aide les réservistes à surmonter les obstacles liés à l'emploi par l'intermédiaire de stages rémunérés procurant un encadrement et les connaissances requises pour réussir la transition comme travailleurs civils. »[74]

Ce programme est ouvert aux jeunes réservistes de 19 à 30 ans qui possèdent au moins un diplôme d'études secondaires et qui n'ont jamais participé à un stage d'Avantage Carrière auparavant. Le programme a débuté en août 2015 avec 50 réservistes qui seront placés en stage au cours de la première année, 75 dans la deuxième année et 100 dans la troisième année, pour un total de 225 stages.

Guichet-Emplois du gouvernement du Canada
[www.guichetemplois.gc.ca]

Cette base de données nationale offre des listes d'emplois, des outils d'exploration de carrières, et des mises à jour sur le marché du travail. L'outil qui permet d'explorer les carrières offre des renseignements sur les perspectives professionnelles, les salaires, et une liste des habiletés et connaissances qui sont particulièrement utiles en travaillant avec d'anciens militaires. À l'aide de la liste des habiletés et des connaissances, les chercheurs d'emploi peuvent identifier leurs compétences dans 10 catégories, et leurs connaissances dans neuf domaines. Les résultats fournissent un profil des habiletés et des connaissances qui montre les métiers liés, les habiletés correspondantes et les connaissances requises. En cliquant sur une profession, vous pouvez consulter tous les emplois affichés en ce moment dans chaque région.

Du régiment aux bâtiments (H2H)
[www.helmetstohardhats.ca]

Conçu pour offrir des possibilités au Canada pour quiconque ayant fait son service, ou qui est présentement actif, au sein de la Force régulière ou de la Force de réserve. Offre la formation nécessaire pour obtenir le statut de compagnon d'apprentissage dans les métiers de l'industrie de la construction.

Initiative Appuyons nos troupes de Kijiji
[www.kijiji.ca]

Les employeurs qui utilisent Kijiji et qui désirent embaucher des vétérans affichent un ruban jaune à côté de leurs annonces. Sélectionnez « Vétérans bienvenus » à partir du menu des annonces en vedette pour afficher ces employeurs.

Military to Civilian Employment
[www.military2civilianemployment.com]
(en anglais seulement)

Cet organisme offre aux membres des FAC qui prennent leur libération des conseils de carrière et d'entrevue en personne, par courriel, par téléphone ou par l'entremise de Skype. Se spécialise également en santé mentale et dans la transition d'une carrière militaire vers un emploi civil. La propriétaire, Melissa Martin, possède également un groupe privé sur LinkedIn : Military to civilian employment.

Opération Entrepreneur du prince de Galles
[www.princesoperationentrepreneur.ca/fr]

Offre aux militaires les outils dont ils ont besoin pour réussir comme entrepreneur : une formation, du mentorat, du financement et des ressources. Offre des camps d'entraînement entrepreneuriaux d'une semaine sur des campus d'un bout à l'autre du Canada.

Prospect Human Services
[https://www.forcesatwork.ca/fr/]

Grâce à leur programme Forces@WORK, Prospect Human Services offre des « stages durables et encadrés aux membres des FAC libérés ». Ce programme relie directement des soldats aux employeurs, et les aide à gérer la transition vers des carrières civiles. Grâce à des séminaires et à des événements militaires, le programme Base to business contribue à informer et sensibiliser les employeurs au sujet des compétences et des atouts que les candidats ayant des antécédents militaires peuvent apporter au milieu de travail.

Programme de recrutement d'anciens militaires de RBC
[www.rbc.com/carrieres/ex-military_fr.html]

En partenariat avec Treble Victor (3V), un groupe de réseautage pour anciens militaires fondé par deux employés de RBC, ce programme développe des ressources pour appuyer la transition des chefs militaires vers des carrières du domaine des affaires, au sein du gouvernement et au sein d'organismes à but non lucratif.

Services de transition de carrière d'Anciens Combattants Canada
[www.veterans.gc.ca/fra/services/transition/career]

Les Services de transition de carrière d'Anciens Combattants Canada aident les vétérans et les survivants à trouver un emploi civil. Les personnes admissibles peuvent se faire rembourser les services suivants, jusqu'à un maximum à vie de 1 000 $: évaluations professionnelles, tests d'aptitude, rédaction d'un curriculum vitae, techniques d'entrevue, orientation professionnelle et personnalisée, aide à la recherche d'emploi, analyses du marché du travail, et service d'un agent professionnel de recrutement.

Santé et bien-être

Cette liste souligne quelques-uns des principaux fournisseurs de programmes et de services de soutien en santé et en bien-être destinés aux vétérans des FAC et à leur famille.

Services de bien-être et moral des Forces canadiennes
[www.cfmws.com]

Assurent la coordination globale des programmes, services et activités liés au bien-être et au moral des FAC, ainsi qu'un soutien aux membres des FAC et à leur famille.

Canadian Service Dog Foundation
[www.servicedog.ca] (en anglais seulement)

Aide les personnes souffrant d'une maladie mentale grâce à l'utilisation de chiens d'assistance dressés.

Ligne d'information pour les familles (LIF)
[www.familyforce.ca/sites/FIL/FR]

Un service téléphonique bilingue destiné aux familles de militaires, y compris ceux et celles qui servent leur pays à l'étranger. Elle offre des mises à jour détaillées sur les opérations, du soutien et de l'assurance, et agit comme service complémentaire des Centres de ressources pour les familles des militaires.

Navigateur familial [www.familynavigator.ca/site_fr/]

Ce site propose des trousses à outils afin d'aider les familles des militaires à faire face aux défis découlant du mode de vie militaire. Offre de l'aide en ce qui concerne les soins à un enfant ayant des besoins spéciaux, à une personne âgée ou de blessures opérationnelles, les déménagements, les services en santé mentale et les garderies, en plus de fournir des renseignements généraux.

Centres intégrés de soutien du personnel (CISP) [www.veterans.gc.ca/fra/services/information-for/caf/ipsc]

Dotés d'établissements dans tout le Canada, et en partenariat avec les Services de santé des FAC, les Services aux familles des militaires, le soutien social aux blessés de stress opérationnel, le Régime d'assurance-revenu militaire, le Programme de soutien personnel et Anciens Combattants Canada, les CISP coordonnent les services de base dans les domaines suivants : planification d'une transition, suivi des blessés, liaisons externes, services de représentation, retour au travail et aide à la famille.

Services aux familles des militaires

[www.forcedelafamille.ca]

Aident les familles des militaires à gérer le stress lié au mode de vie militaire grâce au développement personnel, familial et communautaire. De plus, ils encouragent les familles à participer au développement et à l'évaluation continus des services qui leur sont destinés. Voici les programmes et services offerts :

Enfants et jeunes

- Modèle national des services à la jeunesse : offre aux jeunes de 12 à 18 ans l'accès aux programmes et services pertinents chaque fois que leur famille est mutée, ainsi que du mentorat en matière de leadership.

- Programme iSTEP : un programme de soutien par les pairs de 10 semaines destiné aux enfants de 6 à 12 ans dont l'un des parents souffre d'une blessure de stress opérationnel, ou est touché par une blessure de stress opérationnel.

- Programme de soutien aux déploiements pour les enfants : vidéos pour enfants accompagnées de scripts pertinents sur le déploiement et ses répercussions.

- Éducation et soutien des parents ou des parents-substituts, service de garde de relève et d'urgence, et garderie.

Séparation et réunion des familles

- Offre des liaisons externes, des renseignements et des ressources pour aider les familles à faire face aux déploiements, aux réunions et aux blessures.

Éducation et formation

- Gère les renseignements liés aux écoles à l'étranger, pour s'assurer que les enfants des militaires reçoivent la même qualité d'éducation peu importe le pays dans lequel ils sont mutés.

Aide à l'emploi

- Affiche des occasions d'emploi offertes aux membres de la famille dans les différentes bases. Offre des renseignements à jour sur les initiatives nationales et régionales relatives à l'emploi.

Soins de santé et bien-être

- Opération médecin de famille : aide les familles de militaires à trouver un médecin.

- Groupes d'entraide.

Veterans Emergency Transition Services (VETS) Canada
[vetscanada.org] (en anglais seulement)

Recherche les vétérans sans abri et à risque, puis rétablit un lien de confiance. Les aide à sortir de la rue et des refuges pour les diriger vers des logements abordables, et les aide à trouver un emploi convenable.

Wounded Warriors
[www.woundedwarriors.ca]

Offre une gamme de services de soutien en santé mentale et de soins aux vétérans des FAC, en mettant l'accent sur l'état de stress post-traumatique. Aide tous les vétérans, au besoin, alors qu'ils font la transition vers une vie civile.

Éducation et formation

Cette section résume les principaux fournisseurs de services et de programmes visant à aider les militaires en transition et les vétérans à déterminer et à obtenir l'éducation et la formation requises pour se préparer à une carrière civile.

Collège Algonquin
[www.algonquincollege.com/military]
(en anglais seulement)

Le Collège Algonquin offre une reconnaissance de crédits pour les métiers militaires suivants :

* Commis de soutien à la gestion des FAC;
* Qualification militaire de base des FAC (programme New Defence and Security Certificate);
* Technicien géomatique des FAC;
* Police militaire des FAC.

Le Collège Algonquin offre également :

* un programme d'études subventionné pour les militaires du rang, qui couvre tous les frais de scolarité et de formation alors qu'ils sont à l'école, et garantit un emploi à l'obtention d'un diplôme;[75]

* le programme Project Hero, qui offre un enseignement gratuit aux enfants des militaires tombés au combat.

Université d'Athabasca
[www.athabascau.ca] (en anglais seulement)

L'Université d'Athabasca accepte de transférer des crédits pour l'expérience militaire afin qu'un étudiant puisse réduire le nombre de cours requis pour obtenir un diplôme. Les militaires doivent d'abord faire une demande d'admission et être acceptés à l'Université d'Athabasca, puis leur expérience militaire doit être évaluée par le bureau de soutien des militaires à l'Université du Manitoba. Les crédits approuvés seront, le cas échéant, utilisés pour le programme de l'étudiant.

British Columbia Institute of Technology (BCIT) –
Legion Military Skills Conversion Program (programme de conversion des habiletés militaires de la Légion)
[www.bcit.ca/legion] (en anglais seulement)

Ce programme est offert aux militaires actifs et libérés de la Force régulière et de la Force de réserve des FAC, ainsi qu'au personnel de la Garde nationale. Les étudiants inscrits peuvent :

• accélérer leurs études en obtenant des crédits du BCIT en vue d'obtenir un diplôme ou un grade dans des programmes comme les ressources humaines, la gestion opérationnelle, les opérations commerciales, le système d'information géographique, la construction ou la technologie de l'information dans l'entreprise, et d'autres encore;

• explorer l'entrepreneuriat par l'entremise des programmes Legion Lions' Lair ou Mindworks;

- obtenir de l'aide à la recherche d'emploi afin de traduire les compétences militaires en compétences civiles76, rédiger un curriculum vitae et des lettres d'accompagnement, effectuer des évaluations personnelles et accéder au guide *Essential Guide to the Civilian Workforce*.

Collège Centennial
(programme de démarrage d'une nouvelle entreprise)
[www.centennialcollege.ca/coe] (en anglais seulement)

Les vétérans des FAC qui désirent démarrer leur propre entreprise peuvent s'inscrire au programme de démarrage d'une nouvelle entreprise du Collège Centennial. Offert par le Centre of Entrepreursthip et fort d'un taux de succès de 95 p. cent, le programme en ligne de démarrage d'une nouvelle entreprise enseigne aux participants comment développer, améliorer et mettre en œuvre un plan d'affaires. Les cours portent sur : l'évaluation de la demande pour un concept d'affaires, la planification budgétaire, les taxes et l'impôt d'une entreprise, les communications d'une entreprise, les contrats et offres du gouvernement, et plus encore. Les militaires intéressés peuvent communiquer avec leur officier de sélection du personnel afin d'obtenir plus d'information.

Collège Fanshawe
[www.fanshawec.ca] (en anglais seulement)

Le Collège Fanshawe fait partie d'un consortium d'écoles (incluant BCIT, NAIT, Marine Institute et Collège triOS) qui s'est joint à la Compagnie Canada afin d'établir des parcours pédagogiques dans lesquels les personnes ayant une expérience et une formation militaires peuvent obtenir des crédits pour leurs acquis selon les lignes directrices de l'école et de la province.

Université Memorial de Terre-Neuve (MUN)

L'Université Memorial est l'une des écoles qui organisent des camps d'entraînement entrepreneuriaux d'une semaine où les militaires en transition peuvent apprendre les bases de l'entrepreneuriat. La faculté de l'administration des affaires enseigne la base de l'entrepreneuriat, des professionnels d'entreprises locales offrent de réels conseils d'affaires et des étudiants bénévoles du programme Enactus (anciennement Students in Free Enterprise), offrent des conseils individuels pour aider les participants à élaborer leur concept d'affaires. Vous trouverez des renseignements sur le camp d'entraînement entrepreneurial à l'Université Memorial de Terre-Neuve ici : www.business.mun.ca/news-and-highlights/featured-stories/based-in-business-2014.php (en anglais seulement). Le camp d'entraînement entrepreneurial est mené par l'Opération Entrepreneur du prince de Galles.

Northern Alberta Institute of Technology (NAIT)
[www.nait.ca/canadian-forces-program.htm]
(en anglais seulement)

Le Canadian Forces Program (programme des Forces canadiennes) du Northern Alberta Institute of Technology (NAIT) permet aux militaires d'accéder à une variété de cours, d'options de mise à niveau et de programmes à temps plein. Le NAIT accorde des crédits aux militaires formés dans plus de 13 métiers y compris les télécommunications aérospatiales, les cuisiniers, les ingénieurs maritimes, les commis de gestion des ressources, les techniciens d'armement et le leadership militaire. Le NAIT fournit également un coordonnateur pour le programme des FAC.

École virtuelle eSchool Canada de Ottawa Carleton E-School
[canadaeschool.ca/new-students/miltary-families/]
(en anglais seulement)

Offre des cours de niveau secondaire en ligne approuvés par le ministère de l'Éducation de l'Ontario. Permet de faire face aux défis rencontrés par les enfants de militaires d'âge secondaire en raison des déménagements fréquents, des transferts de crédit, ou de la perte de crédits en raison des divergences quant aux exigences scolaires.

Certification de qualification
[www.red-seal.ca/contact/pt-fra.html]

Les anciens militaires ayant de l'expérience dans un métier spécialisé comme ceux de plombier, de cuisinier, de technicien à l'entretien et à la réparation d'automobiles, d'électricien, de charpentier, de soudeur, de technicien en réfrigération, d'opérateur d'équipement lourd ou autre peuvent demander de passer les examens provinciaux ou territoriaux afin de recevoir leur certificat portant le Sceau rouge. Voici deux exemples :

- **Ordre des métiers de l'Ontario**
  [www.ordredesmetiers.ca/veterans] permet de convertir neuf métiers militaires spécialisés

et d'obtenir un certificat de qualification (Sceau Rouge). Les frais d'évaluation et de reconnaissance des acquis varient de 25 à 200 $.

- **la Saskatchewan Apprenticeship and Trade Certification Commission** [www.saskapprenticeship.ca/former-canadian-military-personnel] (en anglais seulement)

Université du Manitoba, Military Support Office (bureau de soutien des militaires) [umanitoba.ca/faculties/coned/military] (en anglais seulement)

Instauré en 1974, le bureau de soutien des militaires de l'Université du Manitoba reconnaît et facilite la formation, la mobilité et le déploiement des militaires. En partenariat avec le MDN, l'université :

- offre des crédits pour certains cours et certaines formations militaires;

- supervise la réduction des exigences minimales de crédits dans certains programmes menant à un grade;

- autorise les abandons de cours ou le remboursement des droits de scolarité si ou lorsque le service militaire entre en conflit avec des cours;

- offre de l'aide scolaire et une planification pour les programmes menant à un grade;

- offre un soutien pour répondre aux besoins éducatifs des militaires.

Les militaires peuvent saisir leur code de groupe professionnel militaire (CGPM) et leur niveau de formation dans la base de données du transfert de crédits militaires (www.umanitoba. ca/extended/military/credit) (en anglais seulement) pour déterminer (de façon non officielle) s'ils sont admissibles à des crédits. Ils peuvent transmettre leur Sommaire des dossiers du personnel militaire (SDPM) et tout relevé de notes provenant d'autres établissements postsecondaires afin de recevoir une évaluation officielle des crédits de transfert, sans frais.

Université du Nouveau-Brunswick (UNB)
[www.unb.ca/cel/military/credit.html]
(en anglais seulement)

L'Université du Nouveau-Brunswick (UNB) évalue la formation militaire afin de reconnaître tout crédit applicable à ses programmes. Les candidats doivent fournir leur Sommaire des dossiers du personnel militaire (SDPM), leurs rapports de cours de langue seconde, leurs relevés de notes pertinents avec la description des cours, une demande d'inscription à l'Université du Nouveau-Brunswick dûment remplie et le paiement des frais. L'Université du Nouveau-Brunswick offre également l'évaluation et la reconnaissance des acquis.

Veteran Transition Network
[www.vtncanada.org] (en anglais seulement)

Au sein de ce programme de groupe de l'Université de la Colombie-Britannique, les vétérans en transition passent trois week-ends sur une période de trois mois (pour un total de 80 heures) à vivre les uns avec les autres et à s'entraider afin de reconnaître et d'éliminer les obstacles qui pourraient nuire à leur transition vers une vie civile. Le programme permet d'acquérir des aptitudes à communiquer et d'apprendre à faire face à un traumatisme et à rétablir des liens psychosociaux. En outre, une section porte sur l'exploration des carrières.

Recherches

Les recherches continues sont essentielles à l'élaboration de services et de programmes adéquats pour les vétérans des FAC.

L'Institut canadien de recherche sur la santé des militaires et des vétérans [cimvhr.ca/fr/]

Il s'agit d'un consortium de plus de 30 universités canadiennes activement engagées dans des recherches sur les besoins en santé des militaires, des vétérans et de leur famille afin d'améliorer leur qualité de vie.

Études sur la vie après le service militaire (EVASM) [www.veterans.gc.ca/fra/about-us/research-directorate/ publications/reports/2013-life-after-service-studies]

Le programme de recherche Études sur la vie après le service militaire (EVASM) vise à nous aider à mieux comprendre la transition de la vie militaire à la vie civile, et, en fin de compte, à améliorer la santé des vétérans au Canada. Les partenaires des EVASM sont Anciens Combattants Canada, le ministère de la Défense nationale/les Services de bien-être et moral des Forces armées canadiennes – publications et recherche, et Statistique Canada.

Recherches émises par les Services aux familles des militaires
[www.cfmws.com/fr/aboutus/mfs/familyresearch/pages/default.aspx]

À partir de ce site Web, vous pouvez télécharger plusieurs rapports de recherche et publications au sujet des familles de militaires.

Nouvelles initiatives

Les FAC, en collaboration avec d'autres organisations et services gouvernementaux, explorent et développent, de façon continue, des ressources et des programmes afin de mieux répondre aux besoins professionnels et éducatifs des militaires et vétérans des FAC. Voici quelques-unes de ces initiatives.

Programme des vétérans de l'Association canadienne de la franchise

[lookforafranchise.ca/cfa-military-veterans-program/]
(en anglais seulement)

L'Association canadienne de la franchise, en collaboration avec les FAC, a lancé un programme visant à appuyer les militaires en transition vers une vie civile qui souhaitent devenir propriétaires franchisés. Les franchises participantes se sont engagées à proposer leur meilleure offre aux vétérans qualifiés. En mars 2015, 44 franchises participaient à ce programme, qui est en expansion.

Catalogue des parcours professionnels

Un catalogue des cours de transition de carrière qui seront offerts en ligne à des coûts réduits aux militaires, aux vétérans et à leur famille sur de courtes périodes. En partant du principe que les militaires possèdent plusieurs compétences de base, mais manquent d'expérience dans un métier civil particulier, les parcours prépareront les militaires et les vétérans à un réel placement, et les aideront à l'obtenir. Les concepteurs de cette initiative collaborent étroitement avec l'industrie pour s'assurer que la formation fournie est directement liée aux besoins de l'industrie. Ce projet est toujours en développement, et la première édition comprenant 20 parcours professionnels doit être lancée en janvier 2016.

CORE Fundamentals

Le programme CORE Fundamentals est un atelier énergétique et pratique conçu pour fournir des conseils et des ressources personnalisés aux militaires en transition afin de les aider à définir et à obtenir leur carrière idéale sur le marché du travail civil. Veuillez communiquer avec core@deloitte.ca pour obtenir plus d'information.

Formation i2 d'IBM

Les FAC se joignent à IBM Canada pour offrir une formation et une reconnaissance en lien avec l'outil i2 Analyst's Notebook par l'entremise du programme de formation accéléré pour vétérans d'IBM. Mis à l'essai aux États-Unis et en Grande-Bretagne, le programme de formation accélérée est maintenant proposé aux militaires des FAC en transition et aux vétérans libérés avec mention honorable. L'outil i2 Analyst's Notebook est utilisé par les militaires, les policiers, les organismes de sécurité publique et les entreprises du secteur privé à des fins de renseignement, de lutte au crime et à la fraude, et d'analyse de la cybersécurité. Les FAC et les organismes du gouvernement du Canada sont des utilisateurs importants de l'outil i2 Analyst's Notebook.

Shaping Purpose
[shapingpurpose.com] (en anglais seulement)

Le programme Shaping Purpose mène un projet pilote, lancé en avril 2015, afin d'aider les militaires et les vétérans des FAC à cerner leurs principaux dons, ainsi que leurs principales passions et valeurs pour mieux trouver la clarté dont ils ont besoin pour effectuer une transition vers une vie civile. Plus tard, quatre séances supplémentaires seront offertes (20 militaires ou vétérans par séance), après quoi le programme sera évalué. Les résultats des recherches seront également examinés à la suite du projet pilote.

Ressources aux États-Unis (liste sélectionnée)

Il existe une panoplie de ressources disponibles sur les services destinés aux vétérans aux États-Unis. Gardons toutefois à l'esprit que, malgré les similarités dans les besoins des vétérans en général, il y a des différences particulières entre les militaires des FAC et les soldats américains. Voici une liste de ressources américaines sélectionnées susceptible d'approfondir la compréhension des points communs.

Career Development for Transitioning Veterans
de Carmen Stein-McCormick, Debra S. Osborn, McCoy C.W. Hayden & Dan Van Hoose (National Career Development Association, 2013) [www.ncda.org/aws/NCDA/pt/sd/ product/1132/_self/layout_details/false#sthash. fswlGAD8.dpuf] (en anglais seulement)

Ce livre est destiné aux intervenants en développement de carrière et vise à leur faire mieux connaître les problèmes de transition rencontrés par les vétérans, ainsi que les ressources disponibles. Le livre donne également des exemples d'études de cas sur la façon dont un intervenant peut aider un vétéran tout au long du processus de planification professionnelle.

Credentialing Opportunities On-Line (COOL)
[www.cool.army.mil] (en anglais seulement)

Le site Web Credentialing Opportunities On-Line (COOL) aide les soldats américains à trouver de l'information sur les accréditations et les permis liés à leurs métiers militaires spécialisés (MOS). Il ex-plique comment les soldats peuvent répondre aux exigences en matière d'accréditation et de permis, et offre des liens vers plusieurs ressources pour les aider à partir du bon pied. Ce site renferme également de l'information destinée aux formateurs et aux conseillers d'orientation professionnelle au sujet des exigences professionnelles et des possibilités d'emploi. Ce site peut être utilisé par les recruteurs mili-taires afin d'illustrer la croissance professionnelle et la préparation vers une carrière civile accessibles par l'entremise de ce service; et il peut également être utilisé par les employeurs et les conseils de déli-vrance de titres, car il démontre comment la formation et l'expérience préparent les soldats à l'obtention de titres de compétences et d'emplois civils. (Remarque : les soldats, et non les officiers, sont visés par cette ressource.)

G.I. Jobs
[www.gijobs.com] (en anglais seulement)

Cette ressource dresse la liste des employeurs qui appuient les militaires aux États-Unis, et inclut un outil de jumelage scolaire, un outil de recherche d'emploi, un calculateur de paie et des renseignements sur les emplois prometteurs pour les vétérans. La section Getting Out inclut un questionnaire sur l'état de préparation à une transition.

Global Career Development Facilitators (GCDF)
[www.cce-global.org/GCDF] (en anglais seulement)

Offert par l'intermédiaire du Center for Credentialing & Education, la formation du GCDF permet aux participants s'accomplir 120 heures de travaux pratiques ainsi que du travail auprès de professionnels du développement de la carrière expérimentés afin d'acquérir les compétences requises pour fournir de l'aide et des conseils en lien avec les carrières. Le curriculum comporte des activités générales et propres aux pays; il est destiné aux vétérans désireux d'aider leurs pairs au cours de leur prochaine carrière.

Hire Our Heroes
[hireourheroes.org] (en anglais seulement)

Il s'agit d'un organisme sans but lucratif fondé et exploité par des vétérans. Son objectif est de dévelop-per une approche nationale visant à réduire le taux de chômage des vétérans en prenant contact avec les vétérans en transition au cours de l'année qui précède leur libération. Hire Our Heroes offre de la formation, du mentorat et un encadrement professionnel aux vétérans ainsi que des activités de sensi-bilisation des employeurs.

Institute for Veterans and Military Families (IVMF)
[www.vets.syr.edu] (en anglais seulement)

Situé à l'Université Syracuse, l'Institute for Veteran and Military Families collabore avec l'industrie, les organismes gouvernementaux et non gouvernementaux ainsi que les vétérans afin de créer des pro-grammes d'éducation et destinés à répondre aux besoins des vétérans américains et de leur famille. IVMF offre beaucoup d'information et de ressources aux employeurs ainsi qu'aux vétérans.

Military.com
[www.military.com] (en anglais seulement)

Le traducteur des compétences sur ce site Web (www.military.com/veteran-jobs/skills-translator, en anglais seulement) aide les militaires et les vétérans américains à convertir leurs métiers militaires, leurs devoirs auxiliaires, leur formation militaire et leurs responsabilités quotidiennes en termes qui peuvent être facilement compris par un employeur civil. Le traducteur affiche en retour des annonces d'emplois civils correspondant au profil de compétences du vétéran. Ce site offre également de très bons conseils relatifs aux curriculum vitae (www.military. com/veteran-jobs/career-advice/resume-writing-archive) (en anglais seulement).

National Career Development Association
[www.ncda.org/aws/NCDA/pt/sp/resources]
(en anglais seulement)

Offre une liste de ressources militaires, y compris del'information sur les carrières, les outils d'évaluation professionnelle, le perfectionnement professionnel et les associations professionnelles. À partir du menu sur les sites de planification professionnelle, cliquer sur Military afin d'avoir accès à ces ressources.

O*NET Online
[www.onetonline.org] (en anglais seulement)

Cette ressource semblable à la Classification nationale des professions au Canada est la principale source d'information sur les carrières aux États-Unis. Elle comporte une base de données sur les mé-tiers, et des outils d'exploration des carrières et d'évaluation pour ceux qui cherchent une carrière ou se réorientent. My Next Move for Veterans (www.mynextmove.org/vets)(en anglais seulement) est une composante de O*NET à partir de laquelle les vétérans américains peuvent trouver une carrière civile qui correspond à leur métier militaire.

Quintessential Careers
[www.quintcareers.com/former_military.html]
(en anglais seulement)

Des ressources, des outils de recherche d'emploi et des exemples de curriculum vitae pour les anciens militaires.

RAND Report
[www.rand.org/pubs/research_reports/RR836.html]
(en anglais seulement)

Un rapport complet sur l'embauche des vétérans aux États-Unis, et la coalition 100,000 Jobs Mission.

Resume Engine
[www.Resumeengine.org] (en anglais seulement)

Mise au point par la US Chamber of Commerce Foundation et par Toyota, cette ressource se décrit comme étant le prochain traducteur de compétences militaires. Il permet aux militaires de traduire les compétences acquises au cours de leurs années de service en un langage civil que les employeurs peu-vent comprendre. Le site possède également un lien vers Career Spark, une ressource destinée aux con-joints de militaires : www.mycareerspark.org (en anglais seulement).

Veterans and Military Occupations Finder (VMOF)
[www.self-directed-search.com] (en anglais seulement)

Cliquez sur Military & Veterans pour accéder à cette ressource en ligne fondée sur l'outil Self-Directed Search® (SDS). Le VMFO dresse la liste des groupes professionnels militaires dans chacune des cinq branches des forces américaines – Force aérienne, Armée, Garde côtière, Corps des Marines et Marine – ainsi que les métiers civils correspondants et les codes Holland de deux lettres. À l'aide de ces deux catégorisations, les utilisateurs peuvent mieux comprendre comment ils peuvent appliquer leurs compétences et habiletés acquises dans le militaire aux métiers civils ayant des exigences semblables.

« Transition au sein des Forces armées canadiennes » est une vidéo de 12 minutes qui porte sur les défis d'une transition et offre des conseils à ceux qui l'envisagent : http://www.forces.gc.ca/ fr/communaute-fac-services-sante/la-sante-mentale-au-sein-des-forces-armees-canadiennes.page.

« *Chaque vétéran est un individu unique, et nous devons aborder chacun d'eux... avec un sentiment de curiosité et d'admiration.* » *[traduction libre]*

—Richard N. Bolles[77]

les prochaines étapes

Le présent document *D'une carrière militaire à un emploi civil : Guide de l'intervenant en développement de carrière* vous a offert un vaste aperçu de la transition d'une carrière militaire vers une carrière civile. Des multiples listes, questions, liens et renseignements fournis, nous souhaiterions que vous reteniez ceci : bien que la transition puisse présenter des défis, il reste possible de bien gérer le tout – avec une préparation, une planification, des renseignements, du soutien et des ressources.

Tout au long du processus de recherche et d'écriture, ce sont les histoires des militaires que j'ai passés en entrevue qui m'ont le plus touchée. Il est donc de mise de terminer ce guide en offrant le dernier mot aux héros Raymond, Émilie, Nathalie, Marc, Sasha, Kathleen et McCoy.

Qu'avons-nous appris de leurs histoires?

Ce dont ils s'ennuient le plus depuis qu'ils ont quitté les FAC, c'est la camaraderie, l'esprit d'équipe, le soutien et le sentiment d'appartenance. Ces points ont été mentionnés à répétition – même par Kathleen, notre conjointe de militaire.

Les FAC fournissent un milieu extrêmement positif aux militaires. Que la libération soit volontaire ou non, il est important que les intervenants en développement de carrière considèrent comment cette perte aura des répercussions sur la transition des clients militaires vers une vie civile. Et bien qu'il soit vrai que tout individu ayant travaillé au sein d'une organisation pendant plusieurs années aura besoin d'une période d'adaptation, il n'arrive pas souvent qu'un groupe de travailleurs différents admettent s'ennuyer des mêmes choses.

Le service militaire permet également à ses membres de se sentir importants. L'histoire de Marc, en particulier, le décrit bien. À l'extérieur du service militaire, il se sent perdu – comme un moins que rien!

Le service militaire offre à ses membres une panoplie d'occasions de faire face à des défis et de les surmonter. Les intervenants en développement de carrière qui travaillent avec des clients militaires peuvent tirer avantage de cette habileté. Oui, la transition vers une vie civile peut être difficile. Oui, il peut y avoir des obstacles imprévus à franchir. Mais ces clients ont franchi des obstacles par le passé et ils peuvent le faire à nouveau – avec de l'aide.

Les conseils de nos narrateurs, et de ceux qui considéraient la transition, étaient francs et allaient droit au but :

- « Il y a du travail. Attendez l'emploi qui correspond le mieux à vos intérêts et soyez prêt à déménager pour le trouver. »

- « Trouver l'emploi idéal du premier coup en quittant le service est difficile et irréaliste. »

- « Prenez le temps de déterminer ce que vous voulez avant de quitter le service. »

- « La formation est la clé dans la négociation d'un salaire civil et de promotions. »

- « Vous devez présenter des compétences réelles. »
- « Faites beaucoup de recherche au préalable; préparez-vous bien. »
- « Démilitarisez la façon dont vous parlez et communiquez. »
- « Faites du réseautage bien avant de penser à quitter le service. »
- « Soyez réaliste. »
- « Sachez de quoi vous avez besoin avant de faire le grand saut. »
- « Faites l'inventaire de vos contacts et tirez avantage de toutes vos relations. »

Bref, nos narrateurs répètent les mêmes choses : préparation, patience et personnes (réseaux) sont les principaux facteurs d'une transition réussie.

Mais il faut aussi autre chose.

Les militaires en transition ont besoin de gens qui comprennent leur parcours. Des personnes qui les aideront à déterminer ce qu'ils veulent faire. Des personnes qui leur fourniront un soutien pratique et des conseils. Des personnes qui les aideront à trouver des emplois et à franchir les obstacles.

C'est le travail des intervenants en développement de carrière. Voilà pourquoi notre travail auprès des militaires en transition est si indispensable.

Il serait si simple de créer un forum où les spécialistes des carrières partageant les mêmes convictions pourraient se rencontrer et apprendre les uns des autres! Un rendez-vous annuel à l'une de nos conférences nationales, des présentations pertinentes, des ateliers, des séminaires en ligne, un groupe LinkedIn – voilà des façons simples de le faire, d'approfondir notre apprentissage et d'élargir notre expertise.

Les intervenants en développement de carrière peuvent également collaborer pour combler le besoin d'un équivalent canadien du VMOF (Veterans and Military Occupations Finder), en poursuivant le travail accompli dans la traduction des codes de groupe professionnel militaire (CGMP) vers les Classifications nationales des professions (CNP). Créer une norme nationale afin d'aider les établissements d'enseignement à évaluer et à reconnaître la formation et l'expérience militaires peut être au-delà de notre sphère d'influence, mais nous pouvons rassembler nos voix et nos plumes chaque fois que l'occasion se présente.[78]

Voilà les prochaines étapes.

Si elles n'accomplissent rien d'autre, ces quelques mesures pourront nous aider à servir ceux qui ont déjà servi. Nous leur devons notre reconnaissance.

Bibliographie

Anderson, Mary L. et Jane Goodman. « Career Counseling Strategies and Challenges for Transitioning Veterans, » *Career Planning and Adult Development Journal* 30, no 3 (automne 2014) : pp. 40 à 51.

Anderson, Mary L., Jane Goodman, et Nancy K. Schlossberg. *Counseling Adults in Transition,* 4e édition. New York : Springer Publishing Company, 2011.

Bolles, Richard N. « A Serious Call for More Career Development 'Mechanics' Who Can Help Returning Vets, » *Career Planning and Adult Development Journal* 30, no 3 (automne 2014) : pp. 28 à 36.

Bolles, Richard N. *What Color is Your Parachute?* 2015 édition Berkeley : Ten Speed Press, 2014.

Buzzetta, Mary, et Shirley Rowe. Today's Veterans: « Using Cognitive Information Processing (CIP) Approach to Build Upon their Career Dreams, » *Career Convergence Magazine*, 1er novembre 2012. Extrait de www.ncda.org/aws/NCDA/pt/sd/news_article/66290/_PARENT/layout_details_cc/false - sthash.9brmRJH4.dpuf.

Daigle, Pierre. « Sur le front intérieur : Évaluation du bien-être des familles des militaires canadiens en ce nouveau millénaire, » Ombudsman des FAC/du MDN, rapport spécial au ministre de la Défense nationale. Novembre 2013. www.ombudsman.forces.gc.ca/fr/ombudsman-rapports-statistiques-investigations-familles-militaires/familles-militaires-index.page.

Dallaire, Roméo A. et David M. Wells. *La transition à la vie civile des anciens combattants.* Sous-comité des anciens combattants. Juin 2014. www.parl.gc.ca/Content/SEN/Committee/412/veac/rms/01jun14/Home-f.htm.

Dunn, Jason, Samantha Urban, et Zhigang Wang. « Spousal Employment Income of Canadian Forces Personnel: A Comparison of Civilian Spouses, » Résultats de la phase II du projet lié à l'emploi et aux revenus des conjoints (SPEI), Directeur général – Recherche et analyse (Personnel militaire), MDN. Article en anglais disponible ici : www.cfmws.com/en/AboutUs/MFS/FamilyResearch/Pages.

Gaither, Dick. « Military Transition Management, » *Career Planning and Adult Development Journal* 30, no 3 (automne 2014) : pp. 215 à 239.

Goldfarb, Robert W. « Veterans Battle for Jobs on the Home Front, » *New York Times*, 9 mai 2015. www.nytimes.com/2015/05/10/jobs/veterans-battle-for-jobs-on-the-home-front.html (en anglais seulement).

Hansen, Randall S. « Do's and Don'ts for How to Create Your Military-to-Civilian Transition Resume, » Quintessential Careers. www.quintcareers.com/military_transition_resume_dos-donts.html (en anglais seulement).

Kurzynski, Krysta. « Veteran Services in Higher Education: Going Above and Beyond, » *Career Planning and Adult Development Journal* 30, no 3 (automne 2014) : pp. 180 à 190.

Mallen, Sean. « Veterans Face Challenge Finding Civilian Jobs, » *Global News*. 11 novembre 2014. globalnews.ca/news/1666004/veterans-face-challenges-finding-civilian-jobs (en anglais seulement).

McBride, Pamela, et Lori Cleymans. « A Paradigm Shift: Strategies for Assisting Military Spouses in Obtaining a Successful Career Path, » *Career Planning and Adult Development Journal* 30, no 3 (automne 2014) : pp. 92 à 102.

Messer, Melissa, et Jennifer Greene. « Development of the Veterans and Military Occupations Finder (VMOF): A New Career Counseling Tool for Veterans and Military Personnel, » *Career Planning and Adult Development Journal* 30, no 3 (automne 2014) : pp. 136 à 153.

Miles, Robert A. « Career Counseling Strategies and Challenges for Transitioning Veterans, » *Career Planning and Adult Development Journal* 30, no 3 (automne 2014) : pp. 123 à 135.

Prenzel, Audrey. *Military to Civvie Street*. 2014. Livre électronique disponible au www.resumeresources.ca (en anglais seulement).

Reardon, Robert C., Janet G. Lenz, James P. Sampson, et Gary W. Peterson. *Career Development and Planning: A Comprehensive Approach*. 2e édition (Custom Publishing, 2005).

Robertson, Heather, Robert A. Miles, et Michelle Mallen. « Career Transition and Military Veterans: An Overview of the Literature from 2000 to 2013, » *Career Planning and Adult Development Journal* 30, no 3 (automne 2014) : pp. 14 à 27.

Visser, Coert et Gwenda Schlundt Bodien. « Solution-focused Coaching: Simply Effective, » 2002. articlescoertvisser.blogspot. ca/2007/11/solution-focused-coaching-simply.html (en anglais seulement).

Équivalence des métiers militaires en métiers civils

Civil	Métier militaire	Catégorie militaire	MR/ Officier
Acheteur	Technicien/Technicienne en approvisionnement	Administration et soutien	MR
Administrateur	Spécialiste du renseignement	Autre	MR
Administrateur d'entreprise	Officier du génie aérospatial	Ingénieurs	Officier
Administrateur d'hôpital	Officier d'administration des services de santé	Administration et soutien	Officier
Administrateur de la gestion des immeubles	Steward	Équipages – Aéronefs et navires	MR
Administrateur de réseau ou de système informatique	Communicateur naval / Communicatrice navale	Télécommunications	MR
Administrateur des marchés	Technicien/Technicienne en approvisionnement	Administration et soutien	MR
Administrateur des services de santé	Officier d'administration des services de santé	Administration et soutien	Officier
Agent d'expédition et de réception	Technicien/Technicienne des mouvements	Administration et soutien	MR
Agent de douane	Technicien/Technicienne des mouvements	Administration et soutien	MR
Agent de facturation/vérification	Technicien/Technicienne des mouvements	Administration et soutien	MR
Agent de fret (air, rail, terre et mer)	Technicien/Technicienne des mouvements	Administration et soutien	MR
Agent de piste	Technicien/Technicienne des mouvements	Administration et soutien	MR
Agent de recrutement du personnel	Commis de soutien à la gestion des ressources	Administration et soutien	MR
Agent de voyages	Technicien/Technicienne des mouvements	Administration et soutien	MR
Agent des billets et de la cargaison	Commis de soutien à la gestion des ressources	Administration et soutien	MR
Agent du personnel	Commis de soutien à la gestion des ressources	Administration et soutien	MR
Agent du personnel	Officier de la sélection du personnel	Administration et soutien	Officier
Agent du service extérieur	Officier des affaires publiques	Administration et soutien	Officier

Ce document est la propriété des Services de transition des FAC. Utilisé avec leur permission.

Civil	Métier militaire	Catégorie militaire	MR/ Officier
Agent responsable de l'exploitation des hôpitaux	Officier d'administration des services de santé	Administration et soutien	Officier
Agent responsable des services hospitaliers	Officier d'administration des services de santé	Administration et soutien	Officier
Agent, commissaire de bord	Steward	Équipages – Aéronefs et navires	MR
Aide-comptable	Commis de soutien à la gestion des ressources	Administration et soutien	MR
Aide-comptable	Steward	Équipages – Aéronefs et navires	MR
Aide-électricien (de bord)	Électrotechnicien/Électrotechnicienne	Techniciens	MR
Aide-électricien (de bord)	Technicien / Technicienne génie des armes	Techniciens	MR
Aide-réparateur électricien	Électrotechnicien/Électrotechnicienne	Techniciens	MR
Ambulancier et ambulancier paramédical	Technicien / Technicienne en recherche et sauvetage	Protection du public	MR
Ambulancier et secouriste	Technicien médical / Technicienne médicale	Soins de santé	MR
Analyste (radio ou télévision)	Officier des affaires publiques	Administration et soutien	Officier
Analyste des politiques	Officier du renseignement	Autre	Officier
Analyste des systèmes d'information	Spécialiste des systèmes de communication et d'information de l'Armée de terre	Télécommunications	MR
Analyste du renseignement	Chercheur/Chercheuse en communications	Télécommunications	MR
Analyste ou spécialiste du renseignement	Spécialiste du renseignement	Autre	MR
Analyste ou spécialiste du renseignement	Officier du renseignement	Autre	Officier
Apprenti électricien	Électrotechnicien/Électrotechnicienne	Techniciens	MR
Architecte	Officier du génie	Ingénieurs	Officier
Armurier	Technicien/Technicienne d'armement	Techniciens	MR
Arpenteur	Soldat de l'artillerie (campagne)	Combat (Armée)	MR
Arrangeur/arrangeuse ou compositeur/compositrice	Musicien/Musicienne	Autre	MR
Assembleur de canon	Technicien/Technicienne d'armement	Techniciens	MR
Assistant dentaire	Technicien/Technicienne dentaire	Soins de santé	MR
Aumônier auprès des jeunes	Aumônier	Autre	Officier
Aumônier des services correctionnels	Aumônier	Autre	Officier
Aumônier en milieu hospitalier, scolaire et universitaire	Aumônier	Autre	Officier
Autres assembleurs et inspecteurs	Technicien/Technicienne de munitions	Techniciens	MR

Civil	Métier militaire	Catégorie militaire	MR/ Officier
Autres domaines fédéraux d'application de la loi : douanes, immigration et pêcheries	Police militaire	Protection du public	MR
Autres domaines fédéraux d'application de la loi : douanes, immigration et pêcheries	Officier de la police militaire	Protection du public	Officier
Autres ingénieurs professionnels	Officier du génie électrique et mécanique	Ingénieurs	Officier
Autres opérateurs de machinerie de produits de métal	Technicien/Technicienne de munitions	Techniciens	MR
Autres opérateurs de machinerie de produits de métal	Technicien/Technicienne de munitions	Techniciens	MR
Avocat	Avocat / Avocate	Autre	Officier
Cadre inférieur	Soldat de l'artillerie (campagne)	Combat (Armée)	MR
Capitaine de remorqueur	Manoeuvrier	Équipages – Aéronefs et navires	MR
Cartographe	Technicien/Technicienne en géomatique	Techniciens	MR
Cartographe	Officier du génie de construction	Ingénieurs	Officier
Champs techniques et scientifiques résultants	Officier du génie électrique et mécanique	Ingénieurs	Officier
Chanteur/chanteuse	Musicien/Musicienne	Autre	MR
Charpentier	Technicien/Technicienne de la construction	Techniciens	MR
Charpentier de marine	Technicien/Technicienne de coque	Techniciens	MR
Chauffeur	Conducteur/Conductrice de matériel mobile de soutien	Administration et soutien	MR
Chauffeur d'autobus	Conducteur/Conductrice de matériel mobile de soutien	Administration et soutien	MR
Chauffeur de camion	Conducteur/Conductrice de matériel mobile de soutien	Administration et soutien	MR
Chef barman et barman	Steward	Équipages – Aéronefs et navires	MR
Chef d'entrepôt	Technicien/Technicienne des mouvements	Administration et soutien	MR
Chef d'orchestre ou chef de groupe de musique	Musicien/Musicienne	Autre	MR
Chef de service d'incendie	Officier du génie de construction	Ingénieurs	Officier
Chirurgien buccal et maxillo-facial	Dentiste militaire	Soins de santé	Officier
Chroniqueur	Officier des affaires publiques	Administration et soutien	Officier
Commandant – incidents mettant en cause des matières dangereuses	Pompier/Pompière	Protection du public	MR
Commis à l'administration/aux finances	Commis de soutien à la gestion des ressources	Administration et soutien	MR

Civil	Métier militaire	Catégorie militaire	MR/ Officier
Commis à la saisie des données	Commis de soutien à la gestion des ressources	Administration et soutien	MR
Commis au courrier	Commis des postes	Administration et soutien	MR
Commis au personnel	Commis de soutien à la gestion des ressources	Administration et soutien	MR
Commis au service à la clientèle et à l'information	Commis de soutien à la gestion des ressources	Administration et soutien	MR
Commis aux dossiers	Commis de soutien à la gestion des ressources	Administration et soutien	MR
Commis aux fournitures médicales	Technicien médical / Technicienne médicale	Soins de santé	MR
Commis comptable	Commis de soutien à la gestion des ressources	Administration et soutien	MR
Commis de banque et d'assurance	Commis de soutien à la gestion des ressources	Administration et soutien	MR
Commis de bibliothèque	Commis de soutien à la gestion des ressources	Administration et soutien	MR
Commis de bureau général	Commis de soutien à la gestion des ressources	Administration et soutien	MR
Commis de paye	Commis de soutien à la gestion des ressources	Administration et soutien	MR
Concepteur et gestionnaire de réseaux de câbles de télécommunications	Spécialiste des systèmes de communication et d'information de l'Armée de terre	Télécommunications	MR
Conducteur	Soldat de l'artillerie (campagne)	Combat (Armée)	MR
Conducteur d'ambulance	Technicien médical / Technicienne médicale	Soins de santé	MR
Conducteur de camion ou de chariot à fourche	Technicien/Technicienne en approvisionnement	Administration et soutien	MR
Conducteur de matériel lourd	Soldat des blindés	Combat (Armée)	MR
Conducteur d'équipement de déneigement	Conducteur/Conductrice de matériel mobile de soutien	Administration et soutien	MR
Conseiller en main-d'œuvre	Officier de la sélection du personnel	Administration et soutien	Officier
Conseiller en sécurité	Spécialiste du renseignement	Autre	MR
Conseiller en sécurité des technologies de l'information	Spécialiste du renseignement	Autre	MR
Conseiller en sécurité des technologies de l'information	Officier du renseignement	Autre	Officier
Conseiller et enquêteur en sécurité et policier et enquêteur	Officier du renseignement	Autre	Officier
Contremaître à la construction d'autoroutes	Sapeur / Sapeuse de combat	Ingénieurs	MR
Contremaîtres de dépôt d'explosifs et de munitions	Technicien en systèmes d'armement	Techniciens	MR
Contrôleur de la circulation aérienne	Opérateur/Opératrice de contrôle aérospatial	Opérateurs de capteurs	MR
Contrôleur de la circulation aérienne	Officier du contrôle aérospatial	Opérateurs de capteurs	Officier

Civil	Métier militaire	Catégorie militaire	MR/ Officier
Contrôleur de la circulation ferroviaire et maritime	Officier du contrôle aérospatial	Opérateurs de capteurs	Officier
Contrôleur de la circulation maritime	Opérateur/Opératrice d'équipement d'information de combat (Marine)	Ingénieurs	MR
Contrôleur de la circulation maritime	Communicateur naval / Communicatrice navale	Télécommunications	MR
Contrôleur maritime et ferroviaire	Opérateur/Opératrice de contrôle aérospatial	Opérateurs de capteurs	MR
Couvreur	Technicien/Technicienne de la construction	Techniciens	MR
Cryptographe	Communicateur naval / Communicatrice navale	Télécommunications	MR
Cuisinier dans un établissement ou un restaurant	Cuisinier/Cuisinière	Administration et soutien	MR
Cuisinier-minute	Steward	Équipages – Aéronefs et navires	MR
Dentiste	Dentiste militaire	Soins de santé	Officier
Dentiste en hygiène publique (dentisterie communautaire)	Dentiste militaire	Soins de santé	Officier
Détective privé	Spécialiste du renseignement	Autre	MR
Directeur de services publics	Officier du génie de construction	Ingénieurs	Officier
Directeur de travaux publics	Officier du génie de construction	Ingénieurs	Officier
Directeur délégué d'aéroport	Officier du contrôle aérospatial	Opérateurs de capteurs	Officier
Directeur des services aux entreprises	Commis de soutien à la gestion des ressources	Administration et soutien	MR
Directeur des services d'aéroport	Officier du contrôle aérospatial	Opérateurs de capteurs	Officier
Directeur ou superviseur d'un établissement de restauration	Cuisinier/Cuisinière	Administration et soutien	MR
Directeur, relations publiques	Officier des affaires publiques	Administration et soutien	Officier
Dynamiteur (construction)	Sapeur / Sapeuse de combat	Ingénieurs	MR
Économe, magasinier	Steward	Équipages – Aéronefs et navires	MR
Électricien	Technicien/Technicienne en distribution électrique	Techniciens	MR
Électricien, équipement de marine	Électrotechnicien/Électrotechnicienne	Techniciens	MR
Électromécanicien	Technicien/Technicienne en électronique et optronique - Terre	Techniciens	MR
Électrotechnicien agréé	Technicien/Technicienne en distribution électrique	Techniciens	MR
Électrotechnicien industriel	Technicien/Technicienne en groupes électrogènes	Techniciens	MR
Employé au siège d'une église	Aumônier	Autre	Officier

Civil	Métier militaire	Catégorie militaire	MR/ Officier
Employé d'un organisme non gouvernemental	Aumônier	Autre	Officier
Employé d'un organisme œcuménique	Aumônier	Autre	Officier
Enquêteur sur les incendies	Pompier/Pompière	Protection du public	MR
Essayeur d'armes légères	Technicien/Technicienne d'armement	Techniciens	MR
Expert-conseil en sécurité informatique	Chercheur/Chercheuse en communications	Télécommunications	MR
Fonction publique fédérale : Services d'informatique	Technicien/Technicienne en géomatique	Techniciens	MR
Fonction publique fédérale : Soutien technique et scientifique	Technicien/Technicienne en géomatique	Techniciens	MR
Formateur en counselling pastoral	Aumônier	Autre	Officier
Gardien	Soldat des blindés	Combat (Armée)	MR
Génie en technologie électrique et électronique	Technicien / Technicienne génie des armes	Techniciens	MR
Géodésien(ne)	Technicien/Technicienne en géomatique	Techniciens	MR
Gestionnaire d'installations	Officier du génie de construction	Ingénieurs	Officier
Gestionnaire d'un département d'opérations aériennes	Pilote	Équipages – Aéronefs et navires	Officier
Gestionnaire dans le commerce du détail	Steward	Équipages – Aéronefs et navires	MR
Gestionnaire de bases de données	Technicien/Technicienne en géomatique	Techniciens	MR
Gestionnaire de biens immobiliers	Officier du génie de construction	Ingénieurs	Officier
Gestionnaire de bureau	Commis de soutien à la gestion des ressources	Administration et soutien	MR
Gestionnaire de la restauration	Steward	Équipages – Aéronefs et navires	MR
Gestionnaire de matériel/services	Officier du génie	Ingénieurs	Officier
Gestionnaire de projets de construction	Officier du génie de construction	Ingénieurs	Officier
Gestionnaire de ressources humaines	Officier du génie	Ingénieurs	Officier
Gestionnaire de services d'hébergement	Steward	Équipages – Aéronefs et navires	MR
Gestionnaire des opérations d'installation	Spécialiste des systèmes de communication et d'information de l'Armée de terre	Télécommunications	MR
Gestionnaire des opérations des installations	Officier du contrôle aérospatial	Opérateurs de capteurs	Officier
Gestionnaire des ressources humaines	Officier du contrôle aérospatial	Opérateurs de capteurs	Officier
Gestionnaire des ressources humaines	Officier du génie aérospatial	Ingénieurs	Officier

Civil	Métier militaire	Catégorie militaire	MR/ Officier
Gestionnaire des ressources humaines	Commis de soutien à la gestion des ressources	Administration et soutien	MR
Gestionnaire des services administratifs	Steward	Équipages – Aéronefs et navires	MR
Gestionnaire du matériel	Technicien/Technicienne en approvisionnement	Administration et soutien	MR
Gestionnaire supérieur - Construction	Officier du génie	Ingénieurs	Officier
GRC	Police militaire	Protection du public	MR
GRC	Officier de la police militaire	Protection du public	Officier
Guide d'activités sportives et récréatives de plein air	Technicien / Technicienne en recherche et sauvetage	Protection du public	MR
Hygiéniste dentaire	Technicien/Technicienne dentaire	Soins de santé	MR
Infirmier / Infirmière	Infirmier / Infirmière	Soins de santé	Officier
Infirmière auxiliaire autorisée	Technicien médical / Technicienne médicale	Soins de santé	MR
Infirmière auxiliaire immatriculée	Technicien médical / Technicienne médicale	Soins de santé	MR
Ingénieur - géologue	Officier du génie	Ingénieurs	Officier
Ingénieur aérospatial	Officier du génie aérospatial	Ingénieurs	Officier
Ingénieur chimique	Officier du génie électrique et mécanique	Ingénieurs	Officier
Ingénieur de travaux publics et bâtiments	Officier du génie de construction	Ingénieurs	Officier
Ingénieur des mines	Officier du génie	Ingénieurs	Officier
Ingénieur électrique et électronique	Officier du génie électrique et mécanique	Ingénieurs	Officier
Ingénieur en construction	Officier du génie	Ingénieurs	Officier
Ingénieur en environnement	Officier du génie	Ingénieurs	Officier
Ingénieur industriel et des techniques de fabrication	Officier du génie électrique et mécanique	Ingénieurs	Officier
Ingénieur informatique	Officier du génie électrique et mécanique	Ingénieurs	Officier
Ingénieur mécanique	Officier du génie électrique et mécanique	Ingénieurs	Officier
Ingénieur métallurgiste et des techniques de fabrication	Officier du génie électrique et mécanique	Ingénieurs	Officier
Ingénieur municipal	Officier du génie de construction	Ingénieurs	Officier
Ingénieur pétrolier	Officier du génie électrique et mécanique	Ingénieurs	Officier
Inspecteur d'armes à feu	Technicien/Technicienne d'armement	Techniciens	MR
Inspecteur des incendies	Pompier/Pompière	Protection du public	MR

Civil	Métier militaire	Catégorie militaire	MR/ Officier
Inspecteur des pilotes de Transport Canada	Pilote	Équipages – Aéronefs et navires	Officier
Inspecteur et réglementation en Ingénierie	Technicien/Technicienne de munitions	Techniciens	MR
Inspecteur météorologique	Technicien/Technicienne en météorologie	Techniciens	MR
Installateur d'équipement de télécommunications	Technicien / Technicienne de systèmes d'information et de télécommunications aérospatiales	Télécommunications	MR
Installateur et réparateur d'alarmes de sécurité	Technicien/Technicienne en distribution électrique	Techniciens	MR
Installateur et réparateur d'alarmes-incendie	Technicien/Technicienne en distribution électrique	Techniciens	MR
Instructeur – lutte contre les incendies	Pompier/Pompière	Protection du public	MR
Instructeur de pilotes (de base, avions à réaction ou hélicoptères)	Pilote	Équipages – Aéronefs et navires	Officier
Instrumentiste	Musicien/Musicienne	Autre	MR
Journaliste	Spécialiste du renseignement	Autre	MR
Journaliste	Officier du renseignement	Autre	Officier
Juge	Avocat / Avocate	Autre	Officier
Machiniste général	Technicien/Technicienne des matériaux	Techniciens	MR
Maçon	Technicien/Technicienne de la construction	Techniciens	MR
Magasinier	Technicien/Technicienne en approvisionnement	Administration et soutien	MR
Maître d'hôtel et hôte	Steward	Équipages – Aéronefs et navires	MR
Manœuvrier	Manoeuvrier	Équipages – Aéronefs et navires	MR
Mécanicien d'équipement	Mécanicien/Mécanicienne de marine	Techniciens	MR
Mécanicien d'équipement à usage intensif	Mécanicien/Mécanicienne de marine	Techniciens	MR
Mécanicien de camions industriels	Technicien/Technicienne de véhicules	Techniciens	MR
Mécanicien de chantier	Technicien/Technicienne des matériaux	Techniciens	MR
Mécanicien de chantier	Technicien/Technicienne de coque	Techniciens	MR
Mécanicien de chantier	Technicien/Technicienne d'armement	Techniciens	MR
Mécanicien de chantier de construction et mécanicien industriel	Mécanicien/Mécanicienne de marine	Techniciens	MR
Mécanicien de machines fixes et opérateur d'équipement auxiliaire	Mécanicien/Mécanicienne de marine	Techniciens	MR
Mécanicien industriel	Technicien/Technicienne en groupes électrogènes	Techniciens	MR

Civil	Métier militaire	Catégorie militaire	MR/ Officier
Mécanicien régleur d'avant-trains, de freins	Technicien/Technicienne de véhicules	Techniciens	MR
Mécanicien-monteur (construction)	Sapeur / Sapeuse de combat	Ingénieurs	MR
Mécaniciens et inspecteurs d'aéronefs	Technicien en systèmes d'armement	Techniciens	MR
Médecin	Médecin	Soins de santé	Officier
Menuisier (gros travaux)	Sapeur / Sapeuse de combat	Ingénieurs	MR
Monteur d'installation au gaz	Technicien/Technicienne d'armement	Techniciens	MR
Monteur de lignes	Technicien/Technicienne en distribution électrique	Techniciens	MR
Monteur de matériel électronique	Technicien/Technicienne en électronique et optronique - Terre	Techniciens	MR
Monteur vidéo	Technicien/Technicienne en imagerie	Autre	MR
Officier pompier	Pompier/Pompière	Protection du public	MR
Opérateur d'appareil de levé aérien	Opérateur / Opératrice de détecteurs électroniques aéroportés	Opérateurs de capteurs	MR
Opérateur d'ordinateur	Soldat des blindés	Combat (Armée)	MR
Opérateur d'ordinateur	Soldat de l'artillerie (campagne)	Combat (Armée)	MR
Opérateur de caméra vidéo	Technicien/Technicienne en imagerie	Autre	MR
Opérateur de centrale électrique	Technicien/Technicienne en groupes électrogènes	Techniciens	MR
Opérateur de machine	Technicien/Technicienne des matériaux	Techniciens	MR
Opérateur de machinerie lourde	Sapeur / Sapeuse de combat	Ingénieurs	MR
Opérateur de minilaboratoire	Technicien/Technicienne en imagerie	Autre	MR
Opérateur de radar aéroporté	Opérateur / Opératrice de détecteurs électroniques aéroportés	Opérateurs de capteurs	MR
Opérateur de station hydro-électrique	Mécanicien/Mécanicienne de marine	Techniciens	MR
Opérateur et gestionnaire des télécommunications	Spécialiste des systèmes de communication et d'information de l'Armée de terre	Télécommunications	MR
Opérateur et préposé dans le domaine du divertissement des loisirs et des sports	Steward	Équipages – Aéronefs et navires	MR
Opérateur radio	Communicateur naval / Communicatrice navale	Télécommunications	MR
Outilleur-préparateur de matrice	Technicien/Technicienne des matériaux	Techniciens	MR
Parodontiste	Dentiste militaire	Soins de santé	Officier
Peintre de surface au pistolet	Technicien/Technicienne des matériaux	Techniciens	MR
Peintre-vitrier	Technicien/Technicienne de la construction	Techniciens	MR

Civil	Métier militaire	Catégorie militaire	MR/ Officier
Personnel de pont sur un navire de pêche	Manoeuvrier	Équipages – Aéronefs et navires	MR
Personnel ecclésiastique	Aumônier	Autre	Officier
Pharmacien(ne)	Pharmacien / Pharmacienne	Soins de santé	Officier
Photogrammétriste	Technicien/Technicienne en géomatique	Techniciens	MR
Photographe (tous types)	Technicien/Technicienne en imagerie	Autre	MR
Physiothérapeute	Physiothérapeute	Soins de santé	Officier
Pilote d'évacuation médicale ou de bombardier à eau	Pilote	Équipages – Aéronefs et navires	Officier
Pilote de ligne aérienne, d'hélicoptère ou d'avion d'affaires	Pilote	Équipages – Aéronefs et navires	Officier
Pilote de test ou de livraison pour les fabricants d'aéronefs	Pilote	Équipages – Aéronefs et navires	Officier
Plombier	Technicien/Technicienne de coque	Techniciens	MR
Plombier	Technicien/Technicienne en plomberie et chauffage	Techniciens	MR
Politicologue et spécialiste de la théorie politique	Officier du renseignement	Autre	Officier
Pompier	Soldat des blindés	Combat (Armée)	MR
Pompier	Technicien / Technicienne en recherche et sauvetage	Protection du public	MR
Pompier d'aéroport	Pompier/Pompière	Protection du public	MR
Pompier de bâtiment	Pompier/Pompière	Protection du public	MR
Poseur de panneaux muraux secs, plâtrier	Technicien/Technicienne de la construction	Techniciens	MR
Préposé à l'hébergement et aux voyages	Steward	Équipages – Aéronefs et navires	MR
Préposé à la réception d'un hôtel	Steward	Équipages – Aéronefs et navires	MR
Préposé à un comptoir alimentaire, aide de cuisine	Steward	Équipages – Aéronefs et navires	MR
Préposé aux chargeurs de camions à propulsion électrique (chariots élévateurs)	Technicien/Technicienne en électronique et optronique - Terre	Techniciens	MR
Professeur en services alimentaires dans une école secondaire ou un collège	Cuisinier/Cuisinière	Administration et soutien	MR
Prosthodontiste	Dentiste militaire	Soins de santé	Officier
Psychologue – Psychologie générale, psychologie du développement humain, psychologie sociale, psychologie industrielle, psychologie scolaire ou counseling	Officier de la sélection du personnel	Administration et soutien	Officier
Rédacteur, nouvelles et reportage hors série	Officier des affaires publiques	Administration et soutien	Officier

Civil	Métier militaire	Catégorie militaire	MR/ Officier
Réparateur apprenti de matériel électronique	Technicien / Technicienne génie des armes	Techniciens	MR
Réparateur d'appareils ménagers	Technicien/Technicienne en distribution électrique	Techniciens	MR
Réparateur d'équipement d'air climatisé	Technicien/Technicienne en électronique et optronique - Terre	Techniciens	MR
Réparateur d'équipement de radiocommunications	Technicien / Technicienne de systèmes d'information et de télécommunications aérospatiales	Télécommunications	MR
Réparateur d'équipement de traitement automatisé	Technicien/Technicienne en électronique et optronique - Terre	Techniciens	MR
Réparateur d'instruments d'arpentage	Technicien/Technicienne en électronique et optronique - Terre	Techniciens	MR
Réparateur de camions-remorques	Technicien/Technicienne de véhicules	Techniciens	MR
Réparateur de téléviseurs	Technicien/Technicienne en électronique et optronique - Terre	Techniciens	MR
Réparateur qualifié de matériel électronique	Technicien / Technicienne génie des armes	Techniciens	MR
Répartiteur et radiotéléphoniste	Opérateur/Opératrice d'équipement d'information de combat (Marine)	Ingénieurs	MR
Répartiteur, véhicules motorisés	Conducteur/Conductrice de matériel mobile de soutien	Administration et soutien	MR
Responsable des achats	Steward	Équipages – Aéronefs et navires	MR
Sauveteur	Technicien / Technicienne en recherche et sauvetage	Protection du public	MR
Serrurier	Technicien/Technicienne d'armement	Techniciens	MR
Services de police provinciaux, régionaux et municipaux	Police militaire	Protection du public	MR
Services de police provinciaux, régionaux et municipaux	Officier de la police militaire	Protection du public	Officier
Soudeur (soudage à l'arc et à l'acétylène)	Technicien/Technicienne de coque	Techniciens	MR
Soudeur généraliste	Technicien/Technicienne des matériaux	Techniciens	MR
Soudeur haute pression	Technicien/Technicienne des matériaux	Techniciens	MR
Spécialiste d'évaluation environnementale	Technicien/Technicienne en eau, produits pétroliers et environnement	Techniciens	MR
Spécialiste d'imagerie	Spécialiste du renseignement	Autre	MR
Spécialiste d'un ministère à caractère social, comme le travail de rue	Aumônier	Autre	Officier
Spécialiste de l'information de vol	Officier du contrôle aérospatial	Opérateurs de capteurs	Officier
Spécialiste de l'information météorologique	Technicien/Technicienne en météorologie	Techniciens	MR
Spécialiste de la gestion de l'information	Chercheur/Chercheuse en communications	Télécommunications	MR
Spécialiste de la gestion de l'information	Spécialiste du renseignement	Autre	MR

Civil	Métier militaire	Catégorie militaire	MR/ Officier
Spécialiste de la gestion de l'information	Officier du renseignement	Autre	Officier
Spécialiste des interventions en cas d'incidents informatiques	Chercheur/Chercheuse en communications	Télécommunications	MR
Spécialiste en imagerie	Officier du renseignement	Autre	Officier
Spécialiste en mise au point	Technicien/Technicienne de véhicules	Techniciens	MR
Superviseur d'entrepôt	Technicien/Technicienne en approvisionnement	Administration et soutien	MR
Surveillant d'un service alimentaire	Steward	Équipages – Aéronefs et navires	MR
Surveillant dans le commerce au détail	Steward	Équipages – Aéronefs et navires	MR
Surveillant de commis d'hôtel	Steward	Équipages – Aéronefs et navires	MR
Surveillant des finances et commis aux assurances	Steward	Équipages – Aéronefs et navires	MR
Surveillant du placement	Officier de la sélection du personnel	Administration et soutien	Officier
technicien – Génie des armes de marine	Technicien / Technicienne génie des armes	Techniciens	MR
technicien à l'entretien et à la réparation d'appareils ménagers	Technicien / Technicienne génie des armes	Techniciens	MR
Technicien agréé (construction/ génie civil)	Technicien/Technicienne de la construction	Techniciens	MR
Technicien agréé de la construction et en génie civil	Technicien/Technicienne en plomberie et chauffage	Techniciens	MR
Technicien agréé en génie mécanique/électricité	Technicien/Technicienne en groupes électrogènes	Techniciens	MR
Technicien agréé en ingénierie (mécanique)	Technicien/Technicienne en réfrigération et mécanique	Techniciens	MR
Technicien ambulancier	Technicien médical / Technicienne médicale	Soins de santé	MR
Technicien d'enregistrement audio et vidéo	Technicien/Technicienne en imagerie	Autre	MR
Technicien d'entretien d'aéronefs – Avionique (TEA-A)	Technicien/Technicienne en systèmes aéronautiques	Techniciens	MR
Technicien d'entretien en avionique du Conseil canadien de	Technicien/Technicienne en systèmes aéronautiques	Techniciens	MR
Technicien d'entretien en avionique du Conseil canadien de l'entretien des aéronefs (CCEA)	Technicien/Technicienne en systèmes avioniques	Techniciens	MR
Technicien d'équipement de surveillance et thermique	Technicien/Technicienne en électronique et optronique - Terre	Techniciens	MR
Technicien de chauffage	Technicien/Technicienne en plomberie et chauffage	Techniciens	MR
Technicien de circuits hydrauliques	Technicien/Technicienne d'armement	Techniciens	MR
Technicien de maintenance d'ordinateurs personnels	Technicien / Technicienne de systèmes d'information et de télécommunications aérospatiales	Télécommunications	MR

Civil	Métier militaire	Catégorie militaire	MR/ Officier
Technicien de services électroniques	Technicien / Technicienne de systèmes d'information et de télécommunications aérospatiales	Télécommunications	MR
Technicien de station de traitement d'eau	Technicien/Technicienne en eau, produits pétroliers et environnement	Techniciens	MR
Technicien de station de traitement des eaux usées	Technicien/Technicienne en eau, produits pétroliers et environnement	Techniciens	MR
Technicien des matières dangereuses	Pompier/Pompière	Protection du public	MR
Technicien en CVC	Technicien/Technicienne en réfrigération et mécanique	Techniciens	MR
Technicien en équipement LASER	Technicien/Technicienne en électronique et optronique - Terre	Techniciens	MR
Technicien en équipement optique et optronique	Technicien/Technicienne en électronique et optronique - Terre	Techniciens	MR
Technicien en génie	Sapeur / Sapeuse de combat	Ingénieurs	MR
Technicien en génie de la construction	Sapeur / Sapeuse de combat	Ingénieurs	MR
Technicien en génie électronique	Technicien / Technicienne de systèmes d'information et de télécommunications aérospatiales	Télécommunications	MR
Technicien en Munitions Civil	Technicien/Technicienne de munitions	Techniciens	MR
Technicien en réfrigération	Technicien/Technicienne en réfrigération et mécanique	Techniciens	MR
Technicien en réparation de carrosseries	Technicien/Technicienne des matériaux	Techniciens	MR
Technicien en réparation de textiles	Technicien/Technicienne des matériaux	Techniciens	MR
Technicien et technologue en génie électronique	Technicien/Technicienne en électronique et optronique - Terre	Techniciens	MR
Technicien juridique	Spécialiste du renseignement	Autre	MR
Technicien paramédical en soins primaires	Technicien médical / Technicienne médicale	Soins de santé	MR
Technicien(ne) de système d'information géographique	Technicien/Technicienne en géomatique	Techniciens	MR
Technicien/réparateur/ installateur de lignes	Spécialiste des systèmes de communication et d'information de l'Armée de terre	Télécommunications	MR
Technicien/technologue en génie électronique	Spécialiste des systèmes de communication et d'information de l'Armée de terre	Télécommunications	MR
Technicien-mécanicien agréé	Technicien/Technicienne en eau, produits pétroliers et environnement	Techniciens	MR
Techniciens et technologues en génie électrique/électronique	Technicien en systèmes d'armement	Techniciens	MR
Technologue de laboratoire médical	Technologue de laboratoire médical	Soins de santé	MR
Technologue de laboratoire médical et assistant en anatomopathologie	Technologue de laboratoire médical	Soins de santé	MR
Technologue en biochimie	Technologue de laboratoire médical	Soins de santé	MR

Civil	Métier militaire	Catégorie militaire	MR/ Officier
Technologue en génie biomédical	Technologue en électronique biomédicale	Soins de santé	MR
Technologue en génie électronique	Technicien / Technicienne de systèmes d'information et de télécommunications aérospatiales	Télécommunications	MR
Technologue en histologie	Technologue de laboratoire médical	Soins de santé	MR
Technologue en microbiologie	Technologue de laboratoire médical	Soins de santé	MR
Technologue en radiation médicale	Technologue en radiologie médicale	Soins de santé	MR
Technologue en santé animale	Technologue de laboratoire médical	Soins de santé	MR
Technologue en ultrasonoscopie	Technologue en radiologie médicale	Soins de santé	MR
Technologue et technicien en foresterie	Technicien / Technicienne en recherche et sauvetage	Protection du public	MR
Thermographie en application de la loi	Opérateur / Opératrice de détecteurs électroniques aéroportés	Opérateurs de capteurs	MR
Tôlier	Technicien/Technicienne des matériaux	Techniciens	MR
Tôlier	Technicien/Technicienne de coque	Techniciens	MR
Traiteurs de matériel	Technicien/Technicienne de munitions	Techniciens	MR
Trieur/trieuse de courrier	Commis des postes	Administration et soutien	MR

Acronymes et sigles militaires utilisés dans ce guide

ACC	Anciens Combattants Canada
ACD	Académie canadienne de la Défense
CFC	Collège des Forces canadiennes
CGMP	Code de groupe professionnel militaire
CMRC	Collège militaire royal du Canada
CS	Conditions de service
FAC	Forces armées canadiennes
FC	Forces canadiennes
GENPERSMIL	Génération du personnel militaire
MDN	Ministère de la Défense nationale
MR	Militaire du rang
O Comm	Officier commissionné
SDMP	Sommaire des dossiers du personnel militaire
SPSC	Service de préparation à une seconde carrière
STC	Services de transition de carrière
VETS	Veterans Emergency Transition Services

À propos de l'éditeur

Le présent document *D'une carrière militaire à un emploi civil : Guide de l'intervenant en développement de carrière* a été publié par **l'Institut canadien d'éducation et de recherche en orientation (CERIC),** un organisme caritatif voué à la progression de l'éducation et de la recherche en matière d'orientation professionnelle et de développement de carrière afin d'accroître le bien-être économique et social des Canadiens et des Canadiennes.

Le CERIC finance des projets pour développer des ressources novatrices qui renforcent les connaissances et les compétences des divers professionnels de la carrière. Le CERIC est également l'organisateur de Cannexus, le plus important congrès national annuel et bilingue en développement de carrière au Canada; il publie le seul journal doté d'un comité de lecture sur le développement de carrière au pays, *la Revue canadienne de développement de carrière;* et dirige la communauté gratuite en ligne OrientAction, qui offre de l'apprentissage et du réseautage dans le domaine de la carrière.

Les activités du CERIC sont financées en grande partie par The Counselling Foundation of Canada, une fondation familiale qui soutient activement des projets de carrière depuis plus de 50 ans.

Collaborateurs

Les organisations suivantes sont des participants importants au contenu de ce guide :

- Compagnie Canada
- Services de transition des Forces armées canadiennes
- Services aux familles des militaires
- Military2civilianemployment.com
- Anciens Combattants Canada

À propos de l'auteure

Yvonne Rodney travaille comme intervenante en développement de carrière. Auteure, dramaturge, directrice de théâtre et dirigeante auprès des femmes, elle joue également plusieurs autres rôles. Ses livres publiés incluent *Curse God and Die, The Waiting Heart, Let it Go*, et *Getting Through;* ses productions théâtrales incluent les pièces populaires *Finding a Wife for Isaiah* et *Something to Offer*, présentées au Toronto Centre for the Arts. Yvonne a fait maintes présentations sur des sujets liés à la carrière, au développement personnel et professionnel, et à la spiritualité lors de conférences et d'événements liés aux affaires. Elle est présidente de Inner Change Consulting [www.innerchangeconsulting.com] (en anglais seulement), et conseillère à temps partiel au sein des Jewish Vocational Services.

Remarques

1 Blake C. Goldring, MSc, est fondateur et président de la Compagnie Canada, et colonel honoraire de l'Armée canadienne.

2 « Définition de vétéran, » Anciens Combattants Canada, modifiée le 11 mars 2015, www.veterans.gc.ca/fra/about-us/definition-veteran.

3 FAQ no 12 : « Le ministère compte combien de membres des FAC et d'employés du MDN? » www.forces.gc.ca/fr/a-propos/faq.page.

4 Information tirée de « À propos des Forces armées canadiennes » : www.forces.gc.ca/fr/a-propos/forces-armees-canadiennes.page.

5 Les Rangers « forment des patrouilles et mettent des détachements au service des missions de sécurité nationale et de protection civile le long des côtes et dans les régions isolées et peu peuplées du nord du Canada qui ne peuvent être desservies adéquatement et de façon économique par d'autres éléments des FAC ». Pour obtenir de plus amples renseignements sur les Rangers canadiens, veuillez consulter « À propos des Rangers canadiens », de l'Armée canadienne, www.army-armee.forces.gc.ca/fr/rangers-canadiens/a-propos.page.

Introduction

6 Sean Mallen, « Veterans Face Challenges Finding Civilian Jobs, » *Global News*, 11 novembre 2014, globalnews.ca/news/1666004/veterans-face-challenges-finding-civilian-jobs (en anglais seulement).

7 Roméo A. Dallaire et David M. Wells, Sous-comité sénatorial des anciens combattants, *La transition à la vie civile des anciens combattants*, juin 2014, www.parl.gc.ca/Content/SEN/Committee/412/veac/rms/01jun14/Home-f.htm. Veuillez noter que les militaires de la Force de réserve font face à des défis professionnels uniques – consultez le chapitre 2, Réservistes et le chapitre 4, Travailler avec des réservistes : congé pour service militaire.

Section 1

8 Blake Goldring, « Looking after the Veterans of Today, » *National Post*, 11 novembre 2013, news.nationalpost.com/full-comment/blake-goldring-looking-after-the-veterans-of-today (en anglais seulement).

Chapitre 1

9 Roméo A. Dallaire et David M. Wells, Sous-comité sénatorial des anciens combattants, *La transition à la vie civile des anciens combattants*, juin 2014, www.parl.gc.ca/Content/SEN/Committee/412/veac/rms/01jun14/Home-f.htm.

10 Melissa Martin, « Military to Civilian Timeline, » 17 février 2014, military2civilianemployment.com/military-to-civilian-timeline (en anglais seulement).

11 CERIC, « La transition des militaires à une carrière civile : Un rapport sur l'évaluation des besoins professionnels, » (non publié, 2014).

12 Krysta Kurzynski, « Veteran Services in Higher Education: Going Above and Beyond, » *Career Planning and Adult Development Journal* 30, no 3 (automne 2014) : pp. 180 à 190.

13 Comme suggéré par Robert A. Miles dans « Career Counseling Strategies and Challenges for Transitioning Veterans, » *Career Planning and Adult Development Journal* 30, no 3 (automne 2014) : pp. 123 à 135.

14 Suggestion notée par Heather Robertson, Robert A. Miles et Michelle Mallen dans l'article « Career Transition and Military Veterans: An Overview of the Literature from 2000 to 2013, » *Career Planning and Adult Development Journal* 30, no 3 (automne 2014) : pp. 14 à 27. Pour obtenir de plus amples renseignements sur le programme de facilitateurs de développement professionnel global, veuillez consulter le www.cce-global.org/GCDF (en anglais seulement).

15 Le principe de l'« universalité du service » ou du « soldat d'abord » sous-entend que les membres des FAC sont tenus d'exécuter les tâches militaires d'ordre général ainsi que les tâches communes liées à la défense et à la sécurité en plus des tâches de leur

groupe professionnel militaire ou de leur description de groupe professionnel militaire. Entre autres, les militaires doivent être en bonne condition physique, aptes au travail et déployables afin d'effectuer des tâches opérationnelles générales. Consultez « Des effectifs aptes à servir : l'universalité du service et les programmes de soutien connexes des FAC », www.forces.gc.ca/fr/nouvelles/article.page?doc=des-effectifs-aptes-a-servir-l-universalite-du-service-et-les-programmes-de-soutien-connexes/hnps1vfl.

16 *Stratégie du médecin général en matière de santé mentale : Groupe des Services de santé des Forces canadiennes – Une évolution de l'Excellence*, p. 3, www.forces.gc.ca/fr/a-propos-rapports-pubs-sante/strategie-med-gen-sante-mentale-tdm.page.

17 Comité permanent des anciens combattants, Soutien aux anciens combattants et autres victimes de l'état de stress post-traumatique ou d'autres traumatismes liés au stress opérationnel, 39e législature, 1re session, rapport 6, juin 2007, www.parl.gc.ca/HousePublications/Publication.aspx?DocId=3042769&Mode=1&Parl=39&Ses=1&File=9&Language=F. « Sommaire du Rapport d'incidence cumulative du trouble de stress post-traumatique (TSPT) et d'autres troubles mentaux, » MDN/FAC, www.forces.gc.ca/fr/a-propos-rapports-pubs-sante/etude-incidence-cumulative-sommaire.page?.

18 Richard N. Bolles, « A Serious Call for More Career Development 'Mechanics' Who Can Help Returning Vets, » *Career Planning and Adult Development Journal* 30, no 3 (automne 2014) : pp. 28 à 36.

19 Robert W. Goldfarb, « Veterans Battle for Jobs on the Home Front, » *New York Times*, 9 mai 2015, www.nytimes.com/2015/05/10/jobs/veterans-battle-for-jobs-on-the-home-front.html (en anglais seulement).

20 L. Van Til et coll., *Synthèse des Études sur la vie après le service de 2013 – Sommaire*, Anciens Combattants Canada, Direction de la recherche, 3 juillet 2104, www.veterans.gc.ca/fra/about-us/research-directorate/publications/reports/2013-life-after-service-studies.

21 Richard N. Bolles, « A Serious Call for More Career Development 'Mechanics' Who Can Help Returning Vets, » *Career Planning and Adult Development Journal* 30, no 3 (automne 2014) : page 28.

Chapitre 2

22 « S'enrôler dans la Réserve, » FAC, www.forces.ca/fr/page/enrolezvous-100.

23 Des 51 professions des militaires du rang, 40 exigent les mathématiques de 10e année, 5 exigent un diplôme d'études secondaires, et 6 un diplôme d'études collégiales ou de cégep. Tous les métiers des officiers de direction exigent un diplôme universitaire.

24 Le Code de valeurs et d'éthique des FAC et du MDN comporte trois principes fondamentaux – respecter la dignité de toute personne, servir le Canada avant soi-même et obéir à l'autorité légale et l'appuyer – et cinq valeurs fondamentales – intégrité, loyauté, courage, intendance des ressources et excellence – avec les comportements attendus clairement définis pour chacune d'entre-elles. Consultez le « Code de valeurs et d'éthique du MDN et des FAC », www.forces.gc.ca/fr/a-propos/code-valeurs-ethique.page.

25 Pour obtenir de plus amples renseignements au sujet des choix de carrière, veuillez consulter le www.forces.ca/fr/page/optionsdecarriere-123.

26 Comme mentionné au chapitre 1, le principe de l'« universalité du service » ou du « soldat d'abord » sous-entend que les membres des FAC sont tenus d'exécuter les tâches militaires d'ordre général ainsi que les tâches communes liées à la défense et à la sécurité en plus des tâches de leur groupe professionnel militaire ou de leur description de groupe professionnel militaire. Entre autres, les militaires doivent être en bonne condition physique, aptes au travail et déployables pour effectuer des tâches opérationnelles générales. Consultez *Des effectifs aptes à servir : l'universalité du service et les programmes de soutien connexes*, www.forces.gc.ca/fr/nouvelles/article.page?doc=des-effectifs-aptes-a-servir-l-universalite-du-service-et-les-programmes-de-soutien-connexes/hnps1vfl.

27 Les données sont fournies par le directeur de la Gestion du soutien aux blessés par les Services de transition des FAC, FAC.

28 Dick Gaither, « Military Transition Management, » *Career Planning and Adult Development Journal* 30, no 3 (automne 2014) : pp. 215 à 239.

29 — Ron et Caryl Krannich, « I Want to Do Something Else, but I'm Not Sure What It Is, » (Manassas Park, Virginia : Impact, 2005), page 79.

Chapitre 3

30 Pour obtenir de plus amples renseignements à ce sujet, veuillez consulter l'article de Diane Hudson Burns, *Understanding How Military and Civilian Cultures Differ*, Job-Hunt.org, www.job-hunt.org/ veterans-job-search/military-vs-civilian-cultures.shtml (en anglais seulement).

31 CERIC, « La transition des militaires à une carrière civile : Un rapport sur l'évaluation des besoins professionnels » (non publié, 2014).

32 Robert A. Miles, « Career Counseling Strategies and Challenges for Transitioning Veterans, » *Career Planning and Adult Development Journal* 30, no 3 (automne 2014) : pp. 123 à 135.

33 Robert W. Goldfarb, « Veterans Battle for Jobs on the Home Front, » *New York Times*, 9 mai 2015, www.nytimes.com/2015/05/10/ jobs/veterans-battle-for-jobs-on-the-home-front.html (en anglais seulement).

34 Télécharger le localisateur de professions à l'intention des militaires et des vétérans ici : www.self-directed-search.com/docs/ default-source/default-document-library/sds_vmof_online_edition. pdf?sfvrsn=2 (en anglais seulement). Mise en garde : Les groupes professionnels américains peuvent être différents des professions des FAC, du point de vue des compétences requises, même si les noms sont semblables. Consultez le client afin de bien comprendre la nature de son travail.

35 Robert A. Miles, Career « Counseling Strategies and Challenges for Transitioning Veterans, » *Career Planning and Adult Development Journal* 30, no 3 (automne 2014) : pp. 123 à 135.

36 Description du métier d'artilleur : www.forces.ca/fr/job/ soldatdelartillerie-2.

37 Melissa Messer et Jennifer Greene, « Development of the Veterans and Military Occupations Finder (VMOF): A New Career Counseling

Tool for Veterans and Military Personnel, » *Career Planning and Adult Development Journal* 30, no 3 (automne 2014) : pp. 136 à 153.

38 Robertson, Robert A. Miles et Michelle Mallen, « Career Transition and Military Veterans: An Overview of the Literature from 2000 to 2013, » *Career Planning and Adult Development Journal* 30, no 3 (automne 2014) : pp. 14 à 27.

39 Dick Gaither, « Military Transition Management, » *Career Planning and Adult Development Journal* 30, no 3 (automne 2014) : page 221.

Chapitre 4

40 Richard N. Bolles, « A Serious Call for More Career Development 'Mechanics' Who Can Help Returning Vets, » *Career Planning and Adult Development Journal* 30, no 3 (automne 2014) : pp. 28 à 36.

41 Pour discuter de la conversion des compétences, consultez le chapitre 3, Difficulté à formuler et à convertir les compétences. Pour discuter d'autres outils de transfert de compétences, consultez le chapitre 3, Méconnaissance des équivalents civils. Deux ressources américaines méritent également d'être notées, sachat toutefois que les professions militaires américaines ne correspondent pas nécessairement à celles des FAC. Leur utilité, quant à l'aide qu'ils apportent aux clients des FAC dans l'identification des compétences transférables et des équivalents d'emplois canadiens, est donc limitée. (1) *Skills Translator* à Military.com : saisir un titre de profession, un environnement (Armée, Marine, etc.) et un échelon de rémunération, et le convertisseur de compétences donnera une liste des compétences civiles et des offres d'emploi actuelles pour l'ensemble des É.-U. : www.military.com/veteran-jobs/skills-translator (en anglais seulement). (2) *The Veterans Military Occupations Finder* inclut une caractéristique connue sous le nom de Military to Civilian Crosswalk qui sert à déterminer les équivalents civils des professions militaires et leurs codes Holland : www.self-directed-search.com/docs/default-source/default-document-library/sds_vmof_online_edition.pdf?sfvrsn=2 (en anglais seulement).

42 Randall S. Hansen, « Do's and Don'ts for How to Create Your Military-to-Civilian Transition Resume » Quintessential Careers, www.quintcareers.com/military_transition_resume_dos-donts.html (en anglais seulement).

43 Pour obtenir de plus amples renseignements sur les curriculum vitæ militaires, veuillez consulter (1) Audrey Prenzel, *Military to Civvie Street* (livre numérique) : www.resumeresources.ca (en anglais seulement); (2) *Resume Engine* : www.resumeengine.org (en anglais seulement); (3) *Career, Job, and Entrepreneurial Tools for Transitioning Veterans & Former Military*, Quintessential Careers : www.quintcareers.com/former_military.html (en anglais seulement); (4) *Resume Writing Archive*, Military.com : www.military.com/veteran-jobs/career-advice/resume-writing-archive (en anglais seulement).

44 La Loi sur l'embauche des anciens combattants est entrée en vigueur le 1er juillet 2015. Des détails supplémentaires pour la communauté des ressources humaines se situent à l'adresse suivante : « *Loi sur l'embauche des anciens combattants*, » Commission de la fonction publique du Canada, www.psc-cfp.gc.ca/plcy-pltq/vet-ac/index-fra.htm.

45 « Programme de stages d'Avantage Carrière à l'intention des réservistes canadiens, » https://www.careeredge.ca/fr/les-chercheurs-demploi/reservistesfac.

46 « Législation sur la protection de l'emploi », MDN/FAC, modifié le 12 septembre 2014, www.forces.gc.ca/fr/affaires-appui-reservistes/legislation-protection-emploi.page.

47 Exemples de demande de congé pour les réservistes : www.forces.gc.ca/fr/affaires-appui-reservistes/outils-exemples-lettres.page.

48 « Travail sérieux » fait référence à un travail qui non seulement paie les factures, mais qui procure un sentiment de valorisation et une satisfaction.

49 *Military to Civvie Street* est en vente ici : www.resumeresources.ca (en anglais seulement).

Section III

50 Mary L. Anderson, Jane Goodman, Nancy K. Schlossberg, *Counseling Adults in Transition*, 4e édition. (New York : Springer Publishing Company, 2011), page 30.

51 Robert A. Miles, « Career Counseling Strategies and Challenges for Transitioning Veterans, » *Career Planning and Adult Development Journal* 30, no 3 (automne 2014) : pp. 123 à 135.

52 Bien que notre but premier soit d'aider nos clients sur le plan du développement professionnel, il arrive parfois que nous ayons besoin de prendre en considération d'autres facteurs personnels afin d'aider le client à poursuivre son plan de carrière. Il est important que les intervenants qui ne détiennent pas une formation professionnelle en intervention thérapeutique abordent cette situation avec le client avec tact et l'oriente, au besoin, vers un professionnel compétent.

53 Mary Anderson et Jane Goodman, « Career Counseling Strategies and Challenges for Transitioning Veterans, » *Career Planning and Adult Development Journal* 30, no 3 (automne 2014) : pp. 40 à 51. Pour obtenir de plus amples renseignements sur cette méthode et sur la transition en général, veuillez consulter le livre de Mary L. Anderson, Jane Goodman et Nancy K. Schlossberg, *Counseling Adults in Transition*, 4ᵉ édition. (New York : Springer Publishing Company, 2011), 360 pages.

54 Robert C. Reardon, Janet G. Lenz, James P. Sampson et Gary W. Peterson, *Career Development and Planning: A Comprehensive Approach*, 2ᵉ édition (Custom Publishing, 2005).

55 Mary Buzzetta et Shirley Rowe, « Today's Veterans: Using Cognitive Information Processing (CIP) Approach to Build Upon their Career Dreams, » du magazine *Career Convergence*, 1ᵉʳ novembre 2012, http://www.ncda.org/aws/NCDA/pt/sd/news_article/66290/_self/CC_layout_details/false (en anglais seulement).

56 Coert Visser et Gwenda Schlundt Bodien, « Solution-focused Coaching: Simply Effective, » 2002, articlescoertvisser.blogspot.ca/2007/11/solution-focused-coaching-simply.html (en anglais seulement).

57 Pour en apprendre davantage sur Melissa Martin et son approche, veuillez visiter military2civilianemployment.com (en anglais seulement).

58 Carl Rogers, *Awaken*, www.awaken.com/2013/01/carl-rogers (en anglais seulement).

59 Roméo A. Dallaire et David M. Wells, Sous-comité sénatorial des anciens combattants, *La transition à la vie civile des anciens combattants*, juin 2014, pp. iv et 11 à 12, www.parl.gc.ca/Content/ SEN/Committee/412/veac/rms/01jun14/Home-f.htm.

60 Voir le répertoire de l'Association canadienne pour la reconnaissance des acquis (CAPLA) au www.capla.ca (en anglais seulement).

Partie IV

61 Pierre Daigle, Ombudsman des FAC/du MDN, *Sur le front intérieur : Évaluation du bien-être des familles des militaires canadiens en ce nouveau millénaire*, rapport spécial présenté au ministre de la Défense nationale, novembre 2013, www.ombudsman.forces. gc.ca/fr/ombudsman-rapports-statistiques-investigations-familles- militaires/familles-militaires-index.page.

Chapitre 7

62 Pierre Daigle, Ombudsman des FAC/du MDN, *Sur le front intérieur : Évaluation du bien-être des familles des militaires canadiens en ce nouveau millénaire*, rapport spécial présenté au ministre de la Défense nationale, novembre 2013, www.ombudsman.forces. gc.ca/fr/ombudsman-rapports-statistiques-investigations-familles- militaires/familles-militaires-index.page.

63 Jason Dunn, Samantha Urban et Zhigang Wang, « Spousal Employment Income of Canadian Forces Personnel: A Comparison of Civilian Spouses, » résultats de la phase II du projet *Spousal/ Partner Employment and Income (SPEI) Project*, Directeur général – Recherche et analyse (Personnel militaire), MDN, p. 20. Article en anglais disponible ici : https://www.cfmws.com/fr/aboutus/mfs/ familyresearch/pages/default.aspx.

64 Jason Dunn, Samantha Urban et Zhigang Wang, *Spousal/Partner Employment and Income (SPEI) Project: Phase Three Findings and Final Report*, Directeur général – Recherche et analyse (Personnel militaire), MDN, octobre 2011. Rapport en anglais disponible ici : https://www.cfmws.com/fr/aboutus/mfs/familyresearch/pages/ default.aspx.

65 Dunn, Urban et Wang, *Spousal/Partner Employment and Income (SPEI) Project: Phase Three Findings and Final Report*, 2011.

66 Sanela Dursun et Kerry Sudom, *Impacts of Military Life on Families: Results from the PERSTEMPO Survey of Canadian Forces Spouses*, Directeur général – Recherche et analyse (Personnel militaire), MDN, novembre 2009. Rapport en anglais disponible ici : https://www.cfmws.com/fr/aboutus/mfs/familyresearch/pages/default.aspx.

67 Dunn, Urban et Wang, *Spousal/Partner Employment and Income (SPEI) Project: Phase Three Findings and Final Report*, 2011.

68 Dunn, Urban et Wang, *Spousal Employment Income of Canadian Forces Personnel: A Comparison of Civilian Spouses*, résultats de la phase II du projet SPEI.

69 « 2-income Families Nearly Doubled from 1976 to 2014, » *CBC News*, 24 juin 2015, www.cbc.ca/news/business/2-income-families-nearly-doubled-from-1976-to-2014-1.3125996 (en anglais seulement).

70 Pamela McBride et Lori Cleymans, « A Paradigm Shift: Strategies for Assisting Military Spouses in Obtaining a Successful Career Path, » *Career Planning and Adult Development Journal* 30, no 3 (automne 2014) : pp. 92 à 102.

71 Un comité de représentants fédéraux, provinciaux et territoriaux, le Groupe coordonnateur de la mobilité de la main-d'œuvre (GCMM) existe pour faire face aux défis de mobilité de la main-d'œuvre liés à ces exceptions. Le comité a été établi par le Forum des ministres du marché du travail. Au sein de ce Forum, le gouvernement du Canada est représenté par la division de l'intégration au marché du travail d'Emploi et Développement social Canada (EDSC). Le personnel des Services aux familles des militaires a rencontré le personnel d'Emploi et Développement social Canada pour contribuer à soutenir et à alimenter ce travail, qui peut profiter à tous les Canadiens et à toutes les Canadiennes, mais particulièrement aux familles des militaires qui sont très mobiles et qui déménagement, en moyenne, tous les deux ou trois ans.

72 Dunn, Urban et Wang, *Spousal/Partner Employment and Income (SPEI) Project: Phase Three Findings and Final Report*, 2011.

73 Jesse Carey et Lindsey Staton, « *14 Maya Angelou Quotes about Living a Life of Purpose*, » *Relevant Magazine*, 28 mai 2015, www.relevantmagazine.com/culture/14-maya-angelou-quotes-about-living-life-purpose (en anglais seulement).

74 Le projet d'Avantage Carrière à l'intention des réservistes des FAC, financé par Emploi et Développement social Canada (EDSC), offre une subvention optionnelle pour les réservistes (de 19 à 30 ans), d'un montant de 1 000 $ par mois. La durée du stage doit être d'un minimum de six mois (subvention de 6 000 $) et peut aller jusqu'à 12 mois (subvention de 12 000 $). La subvention est fondée sur un mois de travail de 21 jours ouvrables et sera au prorata du nombre de jours total du stage. EDSC fournira la subvention directement à l'Organisation Avantage carrière, qui en retour affichera cette somme comme un crédit sur la facture du partenaire employeur.

75 Le Programme de formation subventionnée est offert aux membres des FAC et entraîne un service obligatoire dans le cadre du contrat.

76 Le financement pour l'expansion du programme au BCIT a été obtenu d'Emploi et Développement social Canada (ESDC) pour les deux prochaines années. Le BCIT tente de créer un traducteur des compétences sur les profils militaires en utilisant, en partie, la base de données du Répertoire des Forces armées canadiennes – Accréditations, Certifications et Équivalences (RFAC-ACE), www.caface-rfacace.forces.gc.ca/fr/index.

77 Richard N. Bolles, « A Serious Call for More Career Development 'Mechanics' Who Can Help Returning Vets, » *Career Planning and Adult Development Journal* 30, no 3 (automne 2014) : page 33.

Conclusion

78 La Compagnie Canada a réuni un consortium en éducation qui se consacre à résoudre ce problème.

Champions du savoir

Un merci tout particulier aux champions du savoir en développement de carrière qui ont contribué à rendre possible la publication de ce guide.

British Columbia Institute of Technology (BCIT)

BCIT offre un programme novateur voué à soutenir les militaires canadiens en transition vers le marché du travail civil. Nous avons créé une approche différente afin de reconnaître les compétences et les connaissances acquises lors du service militaire en offrant des placements avancés au sein de programmes postsecondaires, appelé la méthode de reconnaissance des acquis et de placement accéléré (APPL). www.bcit.ca/business/site (en anglais seulement)

La Compagnie Canada

Un organisme caritatif fondé, financé et soutenu par les entreprises canadiennes de la communauté, au service de nos militaires. Un organisme sans but lucratif qui soutient exclusivement les militaires en offrant un lien direct avec les besoins particuliers des entreprises canadiennes. Reconnu pour créer des programmes uniques donnant l'occasion aux entreprises de tirer avantage des stratégies et de la discipline des ressources formées par les FAC. www.canadacompany.ca

Association canadienne de documentation professionnelle (ACADOP)

L'Association canadienne de documentation professionnelle (ACADOP) a été formée en 1975 en tant qu'organisation de bénévoles de tout le Canada travaillant dans le domaine de l'information sur les carrières. L'ACADOP rassemble des professionnels qui partagent un intérêt commun pour le développement, la distribution et l'utilisation de ressources en lien avec les carrières. www.ccia-acadop.ca (en anglais seulement)

CANADIAN EDUCATION AND
RESEARCH INSTITUTE FOR COUNSELLING

INSTITUT CANADIEN D'ÉDUCATION
ET DE RECHERCHE EN ORIENTATION

Institut canadien d'éducation et de recherche en orientation (CERIC)

Le CERIC est un organisme caritatif voué à la progression de l'éducation et de la recherche en matière d'orientation professionnelle et de développement de carrière afin d'accroître le bien-être économique et social des Canadiens et des Canadiennes. Il finance des projets, organise le congrès Cannexus, publie la *Revue canadienne de développement de carrière,* et dirige la communauté en ligne OrientAction. www.ceric.ca

Collège Fanshawe

Le Collège Fanshawe est une université polyvalente offrant des ententes d'apprentissage flexibles en fonction des besoins du marché du travail. Il offre plus de 200 grades universitaires, diplômes, certificats et programmes d'apprentissage afin d'aider les personnes à utiliser leur potentiel et à réussir dans une panoplie de disciplines, y compris les arts appliqués, les affaires, les soins de santé, les services sociaux, l'hôtellerie et la technologie. www.fanshawec.ca (en anglais seulement)

The Chang School of Continuing Education, Université Ryerson

Améliorez vos compétences professionnelles et soyez prêt pour le marché du travail grâce aux formations continues offertes par The Chang School of Continuing Education de l'Université Ryerson. Nos cours et programmes pratiques et appliqués sont parfaits pour votre réorientation professionnelle ou pour entreprendre un programme menant à un grade. Vous pouvez choisir parmi nos 1 500 cours et 82 programmes de certificat, dans des formats flexibles adaptés à votre style d'apprentissage. ce-online.ryerson.ca/ce

Marine Institute de l'Université Memorial

Le monde est immense. Soyez au centre. Bienvenue au Marine Institute de l'Université Memorial. Nous sommes un centre d'envergure mondiale en ce qui concerne l'éducation et la recherche dans les domaines maritimes et océaniques. La formation de pointe au Marine Institute est l'une des plus abordables au Canada et vous offre des titres de compétences reconnus dans le monde entier. www.mi.mun.ca (en anglais seulement)

Northern Alberta Institute of Technology (NAIT)

Le Northern Alberta Institute of Technology (NAIT) est une école polytechnique chef de file au Canada qui offrant une des programmes en sciences, en technologie et en environnement; en affaires; en santé; et dans les métiers. L'établissement compte près de 60 000 étudiants inscrits aux programmes d'études ou à la formation continue, et affiche un pourcentage de satisfaction des employeurs de 95 p. cent, faisant des diplômés du NAIT des éléments essentiels à la prospérité économique de l'Alberta.
www.nait.ca (en anglais seulement)

Collège triOS

Depuis plus de 22 ans, le Collège triOS aide les étudiants à obtenir leur diplôme et à devenir aptes à l'emploi. En tant que collège décernant des diplômes, triOS s'efforce d'offrir aux étudiants la formation pratique dont ils ont besoin pour réussir dans leur domaine. triOS offre une grande variété de programmes accrédités très pertinents sur le marché de l'emploi actuel dans les domaines des affaires, de la technologie, des soins de santé, juridique, et de la chaîne d'approvisionnement.
www.trios.com (en anglais seulement)

Université Wilfrid Laurier

Depuis plus d'un siècle, l'Université Wilfrid Laurier est reconnue pour son excellence universitaire dans des programmes variés, pertinents et inspirants offerts dans chacun de ses campus – Waterloo, Brantford, Kitchener et Toronto. L'élément clé de l'expérience à l'Université Wilfrid Laurier est notre engagement à inciter tous les étudiants à jouer un rôle dans leur développement de carrière alors qu'ils préparent leur avenir. www.wlu.ca (en anglais seulement)

CPSIA information can be obtained
at www.ICGtesting.com
Printed in the USA
LVOW06s2312180316
479670LV00018B/91/P

9 781988 066110